기억을 비울수록
뇌가 산다

WASURERU NOURYOKU
NOUJUMYOU WO NOBASUNIWA DONDON WASURENASAI

© YASUO IWADATE 2022

Originally published in Japan in 2022 by Asahi Shimbun Publications Inc., TOKYO

Korean translation rights arranged with Asahi Shimbun Publications Inc., TOKYO, through TOHAN CORPORATION, TOKYO and EntersKorea Co., Ltd., SEOUL.

이 책의 한국어판 저작권은 (주)엔터스코리아를 통해 저작권자와 독점 계약한 (주)다빈치하우스에 있습니다. 저작권법에 의하여 한국 내에서 보호를 받는 저작물이므로 무단전재와 무단복제를 금합니다.

뇌를 젊게 만드는 습관

기억을 비울수록 뇌가 산다

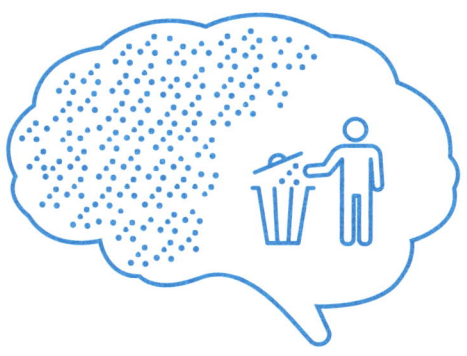

이와다테 야스오 지음 | 곽현아 옮김

이든서재

'망각'이 과연 나쁜 것일까?

많은 사람이 '망각은 나쁜 것이니 가능하면 잊지 않기 위해 노력하자'라는 전제로 이야기한다.

그러나 최신 뇌 과학에서는 '뇌는 능동적으로 기억을 지우고 있으며, 이를 위해 많은 에너지를 사용하고 있다'라는 사실이 밝혀졌다.

대체 어떤 이유 때문일까? 망각하지 않으면 새로운 기억을 저장할 수 없고, 기억을 바탕으로 깊이 있는 사고를 할 수 없기 때문이다.

만약 불필요한 기억을 지우지 못하면 자기 자신으로

존재하는 데 가장 중요한 기억이나 성장 과정, 가족, 일, 친구와 같은 소중한 것을 잊게 될지도 모른다.

사실 망각은 뇌가 가진 주요 기능 중 하나다. 망각할 수 없다면 우리 생활은 지금보다 훨씬 고통스러울 것이고, 애당초 인류가 발전하지도 못했을 것이다.

그런데도 학교에서는 교과서를 잊거나 숙제를 깜빡하면 선생님께 "준비물을 잊어선 안 돼!", "복도에 나가서 서 있어!"라고 호되게 야단맞는다. 잊는다는 행위는 무조건 나쁜 것이고, 한 번 외운 것은 무슨 일이 있어도 잊어서는 안 된다. 많은 사람이 이렇게 교육받아 왔고, 이렇게 믿어 왔다.

망각은 나쁜 것이 아니다. 오히려 뇌가 건강하게 활동하기 위해서는 적극적으로 망각해야 한다. 이 사실을 여러분께 알리고, 적절하게 '기억을 취급하는 방법'을 실천할 수 있도록 도움을 드리고자 이 책을 쓰게 되었다.

'옛 친구의 이름이 떠오르지 않는다'거나 '냉장고 문을 열긴 열었는데 뭘 꺼내려고 했는지 기억이 안 난다'는 등의 일이 생겼을 때 많은 사람은 '치매인가?'라고 걱정하기 시작

한다. '이렇게 간단한 일을 자주 까먹다니, 이젠 다 된 거 같아'라고 고민하는 사람도 많다.

뒤에서 자세히 설명하겠지만, 이런 증상은 치매가 아니다. 자주 깜빡하게 되면 조금 불편할 수는 있어도 평소와 다름없는 일상생활을 보낼 수 있다. 물건을 잃어버리는 증상은 대부분 일어난 사건에 관한 기억인 '일화 기억'에 속하며, 이 기억은 잊어도 아무런 문제가 없다.

나는 외래에서 뇌 관련 진료를 보는 의사인데, "혹시 치매 아닌가요?"라며 불안에 떨며 질문하는 사람들에게 "다음 진료 때 그 전날 무슨 일을 했는지 여쭤볼 테니까, 꼭 기억해 두세요."라고 언질을 주면, 많은 사람이 제대로 기억해 온다. 결국은 동기의 문제이므로 꼭 필요하다고 생각하고 있으면 대부분 짧은 순간 정도는 잊지 않는다.

업무 측면에서도 전날 회의 내용이나 방금 본 신문 기사에서 보도된 세계 경제 동향을 모조리 기억할 수 있다면 분명 편리할 것이다. 여기에 더해 오늘 하루 일정을 모조리 머릿속에 넣어 두고, 일을 척척 처리해 내는 사람이 실재한다면 모두가 '일 잘하는 사람'이라고 입을 모아 말할 것이다.

그러나 이런 정보는 수첩이나 회의 기록을 확인한다거나 인터넷을 찾아보면 금방 알 수 있어서 잊어도 아무런 문제가 생기지 않는다. 오히려 사소한 것을 몽땅 기억하는 사람은 불필요한 기억을 가지는 대신 가장 중요한 '깊이 있는 사고'를 하지 못할 수도 있다. 사실 '깊이 있게 사고하는 머리 좋은 사람'일수록 필요 없는 기억은 잘 잊고, 그 대신 새로운 기억을 잘 집어넣을 가능성이 크다.

뇌를 유연한 상태로 유지하기 위해서는 잊어도 되는 기억을 '제대로' 잊을 수 있어야 한다. 새로운 정보를 기억으로 저장하고, 스스로 사고하고, 사람으로서 진화하는 데 가장 중요한 행위가 '망각'이기 때문이다.

이 책에서는 먼저 '기억의 정체'와 '기억이 삭제되는 과정'을 살펴보고, 망각이 뇌 기능을 높이는 데 얼마나 중요한지를 알아보려고 한다. 그다음으로 어떻게 하면 '잊어도 되는 기억'이나 '잊고 싶은 기억'을 빨리 잊을 수 있는지, 어떻게 하면 '잊어서는 안 될 기억'을 유지할 수 있는지 방법론을

파헤쳐 보자.

이와 더불어 나이가 들면서 건망증이 증가하는 동시에 증가하는 '특별한 기억'이 있다는 점도 소개하고 싶다. 이 책을 계속해서 읽다 보면 건망증이 늘어도 자신감이 생기고, 망각을 대하는 자세도 달라질 것이다.

그리고 책의 후반부에서는 뇌 기능 향상과 '적절한 기억'을 위해 효과적인 습관이 무엇인지 살펴볼 예정이다. 기억을 좌우하는 습관을 알지 못하면 평소에 '잊지 말아야 할 기억'을 잊게 되고, 반대로 '잊고 싶은 기억'은 잊지 못하게 된다. 이러한 부정적 습관이 생기지 않도록 책에서 언급하는 습관은 반드시 습득하기 바란다.

이 책을 다 읽을 무렵에는 건강한 뇌 기능을 유지하고, 새로운 기억을 저장하기 위해 망각이 중요하다는 사실을 깨닫게 될 것이다. 고령자는 물론이고 건망증 때문에 고민하던 직장인이나 이미 읽은 책 내용을 금방 잊어버리는 독서 애호가들 역시 많은 깨달음을 얻길 바란다.

이와다테 야스오

프롤로그 ··· 7

1장 • 망각은 '뇌의 진화'
애당초 기억이란 무엇인가?

일주일 전, 무슨 생각을 했는지 기억하는가? ············ 18
노화로 인한 망각은 뇌가 진화했다는 증거 ············· 21
망각의 대상은 '일화 기억' ···································· 26
언어로 표현하지 못하는 기억은 축적된다 ·············· 31
뇌와 기억의 작동 원리 ··· 35
기억은 어떻게 만들어지는가? ······························ 40
해마의 '단기 기억'에서 대뇌의 '장기 기억'으로 ······· 46
왜 해마에서 새로운 신호가 만들어질까? ··············· 51

2장 • 뇌가 가진 '망각하는 힘'
망각을 통해 새로운 기억을 얻다

건망증이 심각했던 셜록 홈스	58
기억은 단백질로 이루어졌다	62
기억하기 위해 오래된 기억을 소멸시킨다	72
시간이 지남에 따라 망각이 진행된다	76
잠재의식 속에 잠들어 있는 기억	81

3장 • 절대 잊히지 않는 기억이 있다
잊고 싶어도 잊히지 않는 그 기억

신경 회로에 편입된 기억	90
정동을 일으킨 사건은 잊을 수 없다	95
기억하고 싶지 않은 기억은 어떻게 잊을까?	98
기쁨의 기억	103
고령자는 좋은 기억을 저장하기 쉽다	108
기억은 현재의 나를 비추는 거울	112

4장 · 뇌와 신체는 함께 움직인다
뇌 또한 몸의 일부

뇌의 움직임은 크게 두 가지 시스템으로 나뉜다 ······ **118**

분산계가 뇌를 일체화한다 ······ **123**

무의식중에 존재하는 많은 기억 ······ **126**

많은 뉴런을 동시에 움직이는 또 하나의 시스템 ······ **130**

뇌를 각성시키는 노르아드레날린 ······ **133**

설렘을 느끼게 하는 도파민 ······ **140**

정신을 안정시키는 세로토닌 ······ **143**

신체가 있기에 뇌가 작동한다 ······ **148**

뇌는 무의식중에 신체의 움직임을 지배한다 ······ **152**

5장 · 뇌 수명을 늘리다
'망각하는 뇌'를 만드는 법

많이 사고하는 사람은 망각한다 ······ **158**

뇌는 사용할수록 좋다? ······ **162**

뇌를 균형 있게 사용하자 ······ **166**

뇌 수명을 좌우하는 수면과 식사 ― 172
당뇨병은 뇌도 파괴한다 ― 180
운동이 뇌를 작동시킨다 ― 185
음악은 기쁨의 신경 회로를 활성화한다 ― 191
시각 예술은 뇌를 활성화한다 ― 196
모든 편향은 뇌의 만성 염증을 유발한다 ― 200

6장 • 망각이 미래를 만든다
잘 잊어야 진화한 미래를 산다

'망각은 나쁜 것'이라는 편견 ― 206
걱정거리는 당분간 방치해 두자 ― 209
기술의 진보가 뇌에 미치는 영향 ― 215
망각하기에 미래가 펼쳐진다 ― 221
기억이라는 재산 ― 224
망각이 인류의 진화를 가져온다 ― 228

에필로그 망각은 좋은 것이다 ― 234

1장

망각은 '뇌의 진화'

애당초 기억이란 무엇인가?

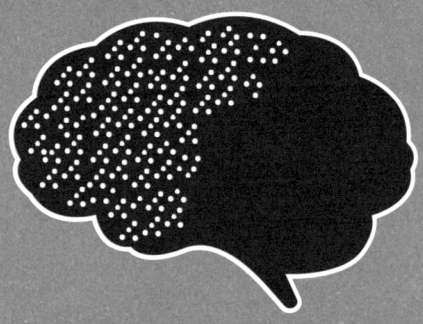

일주일 전,
무슨 생각을 했는지
기억하는가?

여기서 한 가지 간단한 질문을 던져 보겠다.

"일주일 전 당신의 머릿속은 어떤 주제로 가득했나요?"

수첩이나 휴대폰을 찾아보면 "맞다, 그러고 보니 이 안건 중 어느 쪽을 선택할지 고민하고 있었지."라던가 "마감이 3일밖에 안 남았는데, 보고서 쓰는 데 진전이 없어서 일요일 약속을 취소할지 말지 고민하고 있었지." 등 여러 가지 기억이 떠오를 것이다. 하지만 아마도 대부분은 잊지 않았는가?

일주일 전에 무슨 생각을 했는지 묻는다면 누구든 대답하기 어려울 것이다.

물론 연인에게 이별 통보를 받았다거나 심각한 질병을

발견해 의사와 치료법을 상담했다거나 하는 등, 그때 인생의 중대사가 발생한 사람에게는 잊지 못할 기억으로 남았을 것이다. '잊고 싶다'라고 생각해도 결코 잊어서는 안 되는 기억이기 때문이다. 애당초 이렇게 큰일은 잊으려 해도 잊을 수 없다. 진행 중인 사고 과정이 멎게 되거나 신체 변화가 뒤따르는 강렬한 감정 상태이다. 정동情動[1]을 일으킬 만한 사건은 언뜻 보아 부정적으로 보일 수도 있지만, 반드시 미래의 나에게 보물이 되기 때문이다.

그러나 '회의 준비로 바빴다'거나 '여행 티켓을 구하지 못해 고생한' 일처럼 특별할 것 없는 일상적 사건이나 당시 생각은 기억에 남지 않고 그저 휘발될 뿐이다. 마음의 동요를 일으키지 못한 사건은 기억해 봤자 우리 생활에 별다른 이득이 되지도 않을뿐더러 생존에도 도움이 되지 않는 정보이다. 모종의 의미가 있어서 기억해 둘 필요가 있다고 해도, 수첩이나 휴대폰에 저장해 두는 정도면 충분하다.

---

[1] **정동** 희로애락과 같이 일시적으로 급격히 일어나는 감정. 진행 중인 사고 과정이 멎게 되거나 신체 변화가 뒤따르는 강렬한 감정 상태이다.

그리고 마음에 동요가 일었다고 하더라도 사건에 따라 정도가 다르고, 작은 일이라면 기억에 남겨 둘 만한 가치가 적다고 볼 수 있다. 예컨대 '배우자와 사소하게 다투는 바람에 화가 머리끝까지 났다'고 하더라도 며칠만 지나면 까맣게 잊어버리고 만다. 처음에 "일주일 전에 무슨 생각을 했는가?"라고 물어본 까닭은 소소한 사건은 물론이거니와, 마음을 동요시킨 사건이라도 시간이 지나면 대부분 잊기 마련이라고 말하고 싶었기 때문이다. 그만큼 뇌가 가진 망각 능력은 크다.

컴퓨터는 그렇지 않다. 한 번 입력된 데이터는 사람의 손길이 닿지 않는 한 영원히 보존된다. 즉 뇌가 일하는 방식은 컴퓨터와 전혀 다르다는 말이다.

그럼 우리는 왜 망각할까? 그 이유는 뇌가 그렇게 생겼기 때문이다. 이는 우리 뇌가 건강하게 작동하고 있다는 방증이다. 바로 이러한 사실을 널리 알리고자 이 책을 쓰게 되었다.

노화로 인한 망각은
뇌가 진화했다는 증거

확실히 나이가 들면 여러모로 기억력이 감퇴한다.

나이가 들면 신경 세포가 감소하므로 기억의 총량 또한 당연히 줄어든다. 살면서 어느 정도 버렸다고 해도 오랜 세월에 걸쳐 축적해 온 기억의 총량은 상당하다. 그런 만큼 각각의 기억에 할애할 신경 세포가 감소해 기억으로 저장하기 어려워진다. 노인의 뇌에는 이미 많은 기억으로 들어차서 불필요한 기억을 남겨 둘 여유가 없는 셈이다.

노화로 인한 기억력 감퇴가 증가하는 또 다른 이유는 정동을 일으킬 만한 신선한 자극이 줄어들었기 때문이다. 즉 다양한 이슈를 힘들이지 않고도 해결할 수 있게 되므로 정동을 일으키는 경험이 감소하고, 이에 따라 기억으로 남기기도 어려워진다.

노화로 인한 망각은 정상적이다. 새로운 사건을 기억하기 어려워져도, 망각 빈도가 다소 증가해도 질병이 아니다. '기억의 총량이 많아졌기 때문'이며, '풍부한 경험으로 인해 행동에 여유가 생겼기 때문'이다. 그리고 많은 경우 시간이 지나면 "아, 그랬었지."라며 떠오르기도 한다. 연예인 이름이 바로바로 떠오르지 않는다고 해서 곤란할 일은 아마 없을 것이다.

일본 후생노동성[2]에서는 치매를 '뇌의 질병이나 상해 등 다양한 이유로 인해 인지 기능이 저하하여 일상생활 전반에 지장이 생기는 상태'라고 설명한다. 노화로 인한 망각은 대부분 생활에 지장을 일으킬 정도는 아니며, 축적된 정보량이 증가하여 일시적으로 뇌의 회로가 혼란을 일으키는 경우

---

[2] **후생노동성** 한국의 보건복지부와 고용노동부에 해당하는 일본의 행정 조직.

가 많다. 그러니 쉽게 '치매'라고 여기지 않았으면 좋겠다.

이처럼 나이가 들면서 잊어버리는 일이 많아지는 것은 자연스러운 현상이지만, 현실에서는 이를 인정하지 않는 사람도 있다. 많은 환자와 상담해 보면 빙긋 웃으며 "요즘 깜빡하는 일이 잦아졌어요…"라고 상담하는 사람의 성비는 여성이 압도적으로 높다. 남성은 대부분 건망증이 심해졌다는 사실을 인정하지 않고, 저항하려 한다. '노화에 지고 싶지 않다'거나 '어떻게든 기억력을 회복시킬 방법은 없는가?'를 생각한다. 그 심정은 충분히 이해가 간다. '왕년에는 이 정도쯤은 식은 죽 먹기였는데', '지금도 조금만 노력하면 예전만큼 외울 수 있을 텐데'라고 생각하는 듯하다.

그러나 잠시 후에 상세하게 설명하겠지만, 뇌의 기능을 최대한으로 끌어올리기 위해서는 '잊어야만' 한다.

또한 나이가 들면서 변화하는 것은 '기억력'이 아니라, '기억을 취급하는 방법'이다. 취급 방법의 변화로 인해 뇌는 더 많은 기능을 발휘할 수 있게 되므로, 오히려 '망각'이야말로 나이가 들면서 뇌가 진화한 증거라고 할 수 있다.

현실적으로 생각하면 노화로 인한 기억력 감퇴는 '새로운 스타일로 바뀌어야 한다'라는 신호로 볼 수 있다. 대개 사람의 이름이나 앞으로의 계획, 그리고 세세한 수치 등은 잊기 쉬우므로 성실하게 메모하거나 휴대폰의 기억 보조 앱과 알람 기능을 적극적으로 활용함으로써 보완할 수 있다. 그 전에 '나는 작은 일은 금방 잊어버린다'라고 인정하고, 주변 사람에게 공언해 두는 것도 좋은 방법이다. 이러한 사실을 인정하기만 하면 주변 사람들도 웃으며 당신을 도와줄 것이다.

그리고 나이가 들면 그동안 쌓아 온 과거 경험을 토대로 대부분의 일을 어렵지 않게 해결할 수 있게 되는데, 그러한 '익숙함'까지도 민감하게 인지하려고 노력하려는 자세를 가지는 것도 또 다른 중요한 대책이다.

익숙함 속에서도 뭔가를 기억으로 남기고 싶다면, 주변에서 일어나는 다양한 일에 적극적으로 흥미와 관심을 가져야 한다. 망각하기 쉬워진 이유는 그동안 쌓아 온 다양한 경험 덕에 젊었을 때처럼 감정을 동요시킬 만한 사건이 줄어들었기 때문이므로, 기존의 경험만 곱씹으며 익숙함에 젖지 말고 새로운 세상을 즐기려 노력해 보자. 오늘날의 세상은 어제까지와는 또 다른 세상이다. '새롭게 오픈한 가게 가 보기'나 '사용해 본 적 없는 조미료 사용해 보기'처럼 아주 작은 일부터 '다름'을 즐겨 보자. '가 본 적 없는 도시 여행해 보기' 역시 뇌에 신선한 자극을 주는 좋은 방법이다.

또한 다양한 경험을 쌓아 자신만만한 것도 좋지만, 주변 사람의 다른 의견에 귀를 기울이지 않으면 뇌는 더 이상 진화할 수 없다. 나와 전혀 다른 생활 방식이나 가치관을 가진 젊은 사람들의 의견에도 의식적으로 귀를 기울여 보자. 나에게 없는 의견을 적극적으로 받아들이고 사고를 확장하는 시간을 가진다면 뇌를 활성화하고, 필요한 정보를 기억에 남기는 데 도움이 될 것이다.

망각의 대상은
'일화 기억'

사실 기억은 그 성질에 따라 몇 가지 종류로 나뉜다. 어떤 종류가 있는지 살펴보자.

우선 기억은 크게 일어난 사건을 언어로 표현할 수 있는 '서술 기억'과 언어로 표현할 수 없는 '비서술 기억' 두 가지로 분류할 수 있다.

또한 서술 기억은 '일화 기억'과 '의미 기억'으로 나뉜다.

예컨대 자기소개할 때를 상상해 보자. 나는 어디서 태어났고 어디서 자랐는지, 부모님은 어떤 사람이며 어느 학교를 졸업했는지 등 나의 역사를 언어로 표현할 수 있다. 이

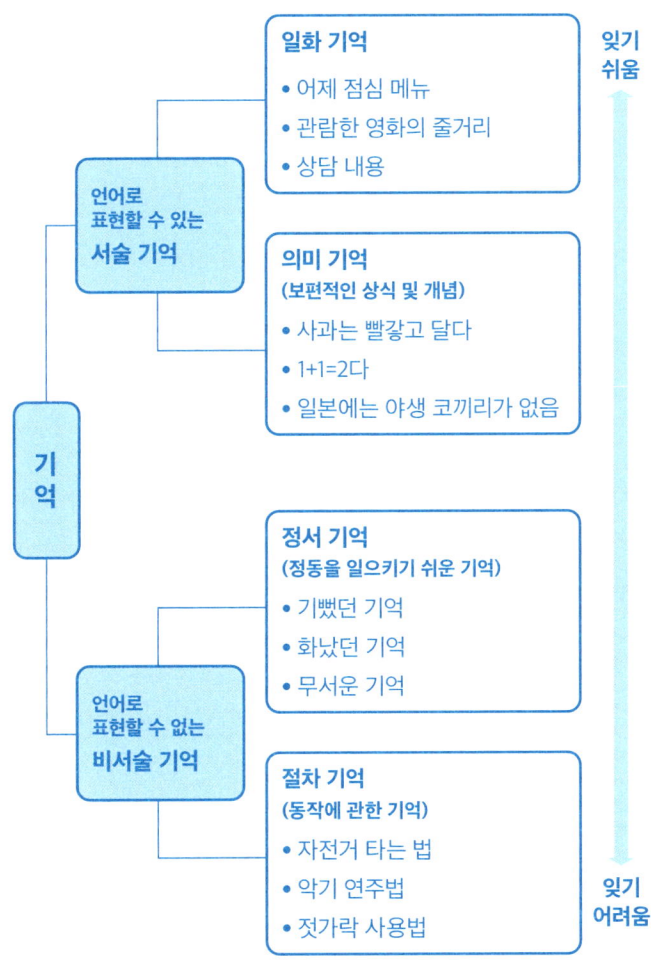

그림 1 | **기억의 분류**

는 서술 기억 중에서도 '일화 기억'이라고 불리는 기억에 해당한다. 일화 기억은 경험이나 추억의 기억이자 언제, 어디서처럼 시간과 장소의 정보를 동반한 하나의 사건과 관련된 과거의 기억이다. 그 밖에도 지난주 일요일에 누구와 어디에 갔었다는 것처럼 이미 발생한 사건이나 내일 아침에는 몇 시까지 학교에 갈 예정이라는 약속까지, 이른바 '기억'이라는 표현을 사용할 때 상상할 수 있는 모든 요소를 포함한다.

우리가 '건망증'이라고 부르는 대부분이 이 일화 기억을 떠올리기 힘든 경우를 가리킨다. 그리고 노화로 인해 잊게 되는 기억 또한 보통 이 일화 기억이다. 실제로 "점점 깜빡하는 일이 잦아졌다."라고 하는 사람들은 다른 사람 이름이나 일정, 숫자와 같은 비교적 단순한 것들을 잊는다.

반면, '의미 기억'은 좀 더 복잡하다. 말이나 어떤 현상이 가지는 의미를 이해하는 기억을 가리키는데, 예를 들면 '하루는 24시간이다', '겨울이 지나면 봄이 온다'와 같은 사실을 실제 생활에서 감각적으로 인지하는 기능이다. '바나

나는 길쭉한 형태이고, 색이 노랗고, 달콤하고 맛있다'처럼 누구나 경험으로 알고 있는 상식부터 '양자 역학이나 철학 등 학문의 개념을 높은 수준으로 이해'하는 일까지가 의미 기억에 포함된다. 그리고 의미 기억은 '인생관'이나 '세계관'처럼 그 사람의 근본을 이루는 상당히 많은 부분을 만들어 낸다.

즉 의미 기억은 언어로 표현할 수 있는지 없는지보다 오히려 그 의미를 경험적으로 이해하고 있는지가 더 중요하다. 의미 기억은 자신을 둘러싼 세계를 얼마나 이해하고 있는지에 관한 기억이다. 이 기억은 나이가 들면 젊을 때보다 지식의 양이 압도적으로 증가하는 만큼, 의식하지 않아도 우리의 행동에 크게 영향을 미친다. 이를 '지혜'라고 불러도 무방하다.

앞에서 설명했듯이 노화 때문에 변화하는 것은 '기억력'이 아니라 '기억을 취급하는 방법'이다. 사람은 나이가 들면서 일화 기억이 아닌, 의미 기억을 우선 유지하는 방향으로 변화한다. 즉 나이가 듦에 따라 새로운 일화 기억을 저장하기는 어려워져도 대신 의미 기억이 증가하기 때문에 무의식중에 뇌가 더 중요한 기능을 발휘할 수 있도록 변한다는 의미다.

언어로 표현하지 못하는 기억은 축적된다

서술 기억과 대칭되는 '비서술 기억'은 '절차 기억'과 '정서 기억'으로 나눌 수 있다. 절차 기억은 스포츠 등에서 신체 감각을 동반하는 기능이나 정교하고 치밀한 운동 동작 수행 등과 연관되어 있고, 정서 기억은 기쁨이나 공포 같은 감정과 연결되어 있다.

운동할 때 신체를 사용하는 방법은 매우 복잡하며, 이는 소뇌와 대뇌의 뒤쪽에 존재하는 '대뇌 기저핵'이라는 부분과 연관되어 있다. 공을 던질 때 어떻게 던질지, 자전거를 탈 때 어떻게 균형을 유지할지는 말로 설명하기 어렵다. 이처럼 언어로 표현하기 어려운 기억은 대부분 '신체 사용법'과 관련이 있으며, 이를 '절차 기억'이라고 한다.

한편 '정서 기억'은 눈앞에 일어난 사건이나 정동이 수반될 때 어떤 정동이 일어났는지를 저장한 기억을 의미하며, 일상적으로 접하는 정보에 어떤 감정을 느끼기 쉬운지와 같은 경향에도 영향을 미친다. 같은 영화를 보더라도 어떻게 느끼고, 어떤 감정을 불러일으키는지와 같은 경향은 사람마다 각기 다르다. 이처럼 개개인에 따라 감정의 작동 방법이 다른 이유는 사실 정서 기억으로부터 비롯한다.

이러한 비서술 기억은 무의식중에 작동한다는 점이 특징이다. 비서술 기억(정서 기억, 절차 기억)과 앞에서 설명했던 의미 기억은 언어로 의식하면서 떠올리지 않아도 항상 작동하고 있다. 예컨대 우리는 문자를 쓸 때나 펜을 움직일 때, 신체가 어떻게 움직이는지 하나하나 의식하지 않는다. 또한 정동과 관계된 기억도 무의식 수준에서 행동에 동기를 부여하며, '쉽게 화내는', '자주 우는'처럼 그 사람의 성격이나 개성과 직결된다.

사람은 사실 자신의 행동이나 판단 대부분을 언어로 의식하지 않는다. 그 대신 '언어로 표현할 수 없는 기억' 또는 '언어로는 표현하기 어려운 기억'이 무의식중에 영향을 미친다. 사람에게 미치는 영향을 생각해 보면 이 같은 기억이 일화 기억보다 중요한 기능을 하며, 살아가는 데 결정적인 영향을 미친다고 할 수 있다.

또한 절차 기억이나 정서 기억을 포함한 비서술 기억은 유소년기에 저장한 기억이라도 계속해서 유지되며, 거의 일평생 잊지 않는다고 해도 과언이 아니다. 이러한 기억은 사라지지 않고 계속해서 축적되기 때문이다.

앞에서 서술한 것처럼 '건망증'은 주로 '일화 기억'을 떠올리기 힘든 경우를 말한다. 기존 정보를 떠올리는 행위를 '상기'라고 하는데, 상기할 수 없으면 시험과 같이 특정 정보를 도출해 내야 할 때 도움이 되지 않는다. 하지만 시험이 끝나고 나서 갑자기 어떤 계기로 "맞다, 이런 거였는데!"라며 떠올리기도 한다. 기억에는 짙고 옅음의 차이가 있어서, 그 정보로 이어지는 연결 고리가 몇 개나 있는지가 상기 난이도를 결정한다. 시험공부하듯 공책에 정리하거나 낭독하는 행위는 사실 확실하게 기억하고, 상기하기 쉽게 만드는 데 합리적인 전략이라고 할 수 있다.

그렇다고 해도 시험과 같은 특수한 상황을 제외하고 우리가 살아가는 데는 일화 기억을 상기하지 못해도, 즉 건망증이 있어도 결정적으로 불리할 일은 없을 것이다. 이러한 건망증은 생활을 힘들게 하는 치매와는 전혀 다르다. 망각하지 않기 위해 애쓸 필요가 없다는 말이다.

뇌와 기억의
작동 원리

여기서 뇌의 작동 방법과 기억 체계에 대해 조금 설명해 보겠다. 다소 복잡한 이야기도 나오겠지만, 작동 원리를 이해하고 나면 기억과 망각을 이해하기가 쉬워질 것이다.

뇌에는 기억 정보를 전달하는 신경 세포 뉴런과 기억을 정착시키는 데 중요한 작용을 하는 세 가지 신경 아교 세포 별 아교 세포, 희소 돌기 아교 세포, 미세 아교 세포가 존재한다. 세포 비율은 나이나 개인에 따라 차이가 크지만, 평균적으로 뉴런이 20%, 신경 아교 세포가 80%를 차지한다.

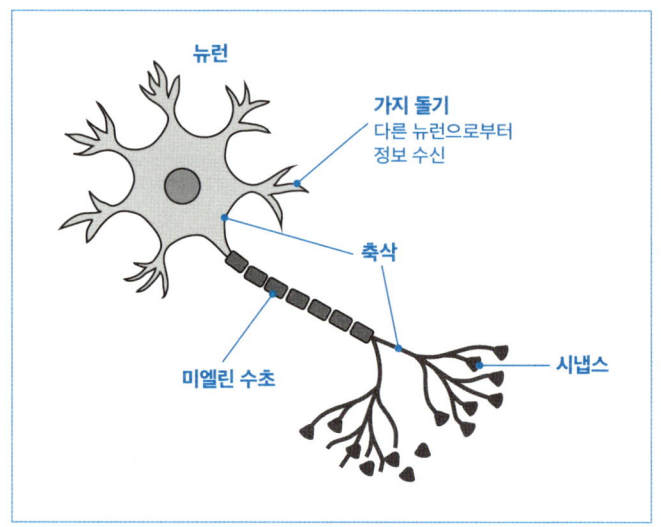

그림 2 | 뉴런의 구조

뉴런 한쪽에는 가느다란 나뭇가지처럼 생긴 '가지 돌기'가 수백 개에서 수천 개 정도 있으며, 이 돌기를 통해 다른 뉴런으로부터 기억 정보를 전달하는 신호를 받는다. 이를 전기적 신호로 교환한 다음, 비교적 길이가 긴 돌기인 축삭으로 흘려보낸다(그림 2). 아마도 여기까지의 과정은 많은 사람이 상상하는 뇌의 작동 방법과 비슷할 것이다. 그러나 다음 순서야말로 컴퓨터와는 차별화되는, 살아 있는 뇌만

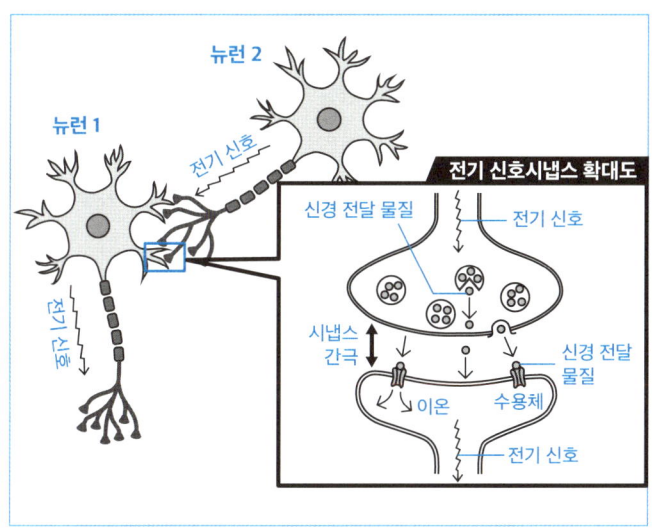

그림 3 | 기억 정보 교환 역할을 하는 스냅스

소유한 작동 방법의 진면목이다.

뉴런 말단에는 세포 사이를 연결하는 '시냅스'라는 조직이 있는데, 정보를 교환하는 역할을 한다. 시냅스를 사이에 두는 뉴런들 사이에는 시냅스 간극이라는 아주 작은 틈이 있으며, 이 틈을 통해 신경 전달 물질이나 이온과 같은 화학 물질을 주고받는다.

정보를 수신하는 뉴런은 이 틈으로부터 신경 전달 물

질이나 뉴런을 수신하는 수용체를 장비하고 있으며, 수신한 '화학 물질을 이용한 신호'를 바탕으로 '전기 신호'를 만들어 낸다(그림 3). 즉 뉴런 사이의 틈에서 '전기 신호'를 일부러 신경 전달 물질이나 이온 같은 '화학적 물질을 이용한 신호'로 변환시키고, 이를 다시 '전기 신호'로 치환한다. 이렇게 기억과 관련된 정보가 '전기 신호'에서 '화학 물질 신호'로 변환되는 것은, 뇌의 정보 전달 방식에서 중요한 특징 중 하나다.

어째서 이처럼 장황한 시스템을 사용하는 걸까? 정보를 흘려보내기만 한다면 전기 신호만 사용하는 편이 훨씬 신속하고 효율적일 듯한데, 왜 그렇게 하지 않는 걸까?

그 이유는 바로 '망각하기 위해서'다. 다음 장에서 자세하게 설명하겠지만, 시냅스 간에 화학 물질을 교환함으로써 정보의 흐름 방법이나 기억의 저장 정도를 조절할 수 있게 된다. 전기 신호를 그대로 전달하게 되면, 차후 자세하게 설명할 화학 물질에 의한 '망각 기능'을 발휘하기 어려워지기 때문이다.

뇌가 이렇게까지 능동적으로 망각 기능을 가지려는 이유가 무엇일까? 그 이유를 알아보기 위해서는 우선 기억이 만들어지기까지의 과정을 살펴봐야 한다.

기억은
어떻게 만들어지는가?

 기억할 때 주로 사용하는 뇌 부위는 앞에서 이야기한 기억의 종류에 따라 다르다. 언어로 표현할 수 있는 '서술 기억'은 주로 해마와 대뇌 피질을 사용한다. 언어로 표현하기 어려운 '비서술 기억' 중 운동 기능 등의 신체 감각을 수반하는 '절차 기억'은 대뇌 심부에 있는 '대뇌 기저핵'이나 소뇌, 정동을 수반하는 체험을 저장하는 '정서 기억'은 해마 가까이에 있는 '편도체'라는 변연계 부위가 중심이 된다(그림 4).

 서술 기억에 대해서는 측두엽 내측에 있는 '해마'라는 부위가 맹활약한다. 중요한 부위인 만큼 치매를 주제로 한

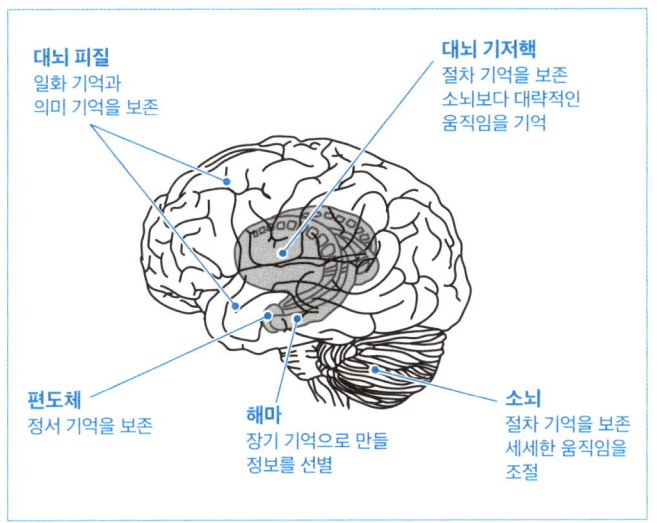

그림 4 | 기억 보존 장소

텔레비전 프로그램이나 신문 기사에서 '해마'라는 표현이 빈번하게 등장한다. 치매에 대한 인지도가 높아져서인지 외래 진료를 할 때 뇌 MRI 사진을 보여 주며 상태를 설명하면 "그런데 선생님, 제 해마는 어떻나요?"라고 물어보는 환자가 많아졌다.

해마가 기억의 형성에 필수적인 부위라는 사실은 생쥐를 활용한 실험에서도 명확하게 밝혀졌다. 실험에서 해마에

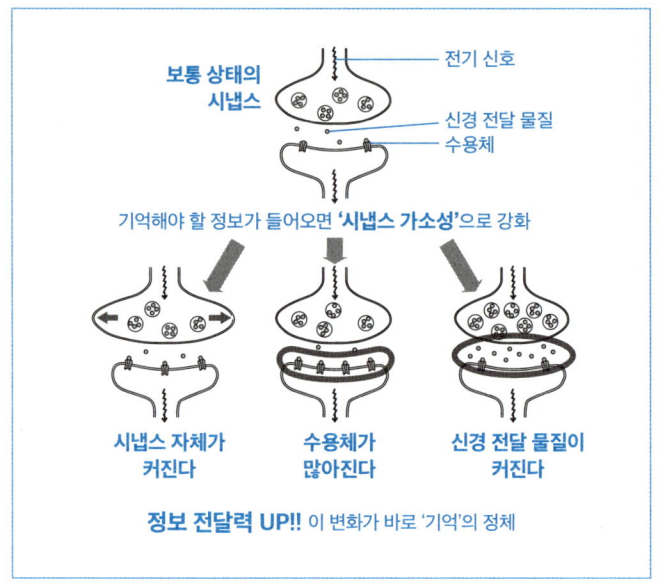

그림 5 | 기억이란 '시냅스의 강화'로 인한 것

방사선을 쬐어 기능하지 않게 만들면, 다른 부분이 건강하다고 해도 새로운 기억이 형성되지 않았다. 알츠하이머병을 가진 환자의 뇌에서도 역시 이 해마가 축소되어 세포 감소가 빈번해진 모습을 관찰할 수 있다.

서술 기억은 먼저 해마에서 형성된다. 해마는 기억을

만드는 데 중요한 역할을 한다. 기억하는 정보에 따라 일시적으로 시냅스 형태나 기능을 바꾸고, 정보 전달의 효율을 높인다. 구체적인 예로 '시냅스 자체가 커진다'라거나 '신경 전달 물질의 수나 이를 수용하는 수용체의 수가 증가'하는 등의 변화를 들 수 있다. 뇌 과학 세계에서는 이 같은 시냅스의 전달 기능이 강화되는 것을 '시냅스 가소성'이라고 부르며, 이 시냅스 가소성은 기억의 형성에 중요한 역할을 한다(그림 5).

시냅스 강도가 증가한다는 것은 시냅스를 통해 다음 뉴런으로 정보가 흘러가기 쉬워지고, 그 신경 회로 자체가 활성화된다는 의미다. 이에 따라 뇌라는 시스템에 아주 작은 변화가 더해져 다음 자극에 적절하게 대응할 수 있게 된다. 이것이 바로 '기억'의 실체다.

일반적으로 기억을 '사물을 잊지 않고 기억하는 것'이라고 해석하지만, 더 넓은 의미에서 보면 '환경으로부터 받은 자극이 뇌 안에 일으킨 변화'라고 해석할 수도 있다. 기억을 획득한 뇌는 시냅스 강도가 변화하고, 또 이를 지지하는 신경 아교 세포의 움직임이 변화하며, 다음으로는 경험한 자극에 대해 뇌의 반응성이 변화하게 된다.

아마 많은 사람이 기억이란 철도에 신규 노선을 만들듯이 '무의 상태에서 새로이 창조하는 것'이라고 생각할지도 모른다. 정보를 획득하고 난 뒤 뉴런 간에 새로운 회로가 만들어진다고 말이다.

그러나 전혀 그렇지 않다. 대부분의 기억은 기존 뉴런 간의 연결이 강화되거나 약화하여 만들어진다. 말하자면 기차역을 재단장하여 철도를 이용하는 인구의 흐름을 좋게 만들거나, 기차 자체를 개량하여 더 빠르게, 더 많은 사람을 운송할 수 있도록 궁리하는 셈이다.

적어도 열 살 이후의 성숙한 뇌에서는 기억이나 학습을 위해 새로운 신경 회로가 만들어지지 않는다. 성숙한 뇌는 새로운 기억을 위한 '신경 섬유'의 신장을 억제하도록 구성되어 있으므로 신경 회로가 재조합되지 않는다. 이는 신경 아교 세포 중 하나인 희소 돌기 아교 세포가 만들어 내는 '미엘린 수초'라는 막 조직의 기능이다.

어째서 새로운 기억을 형성할 때 새로운 회로를 만들지 않는 걸까? 그 이유는 뒤에서 자세히 설명하겠지만, 뇌 신경 회로가 매일 갱신된다면 어제 했던 일을 오늘은 할 수 없게 될 수도 있고, 어제 알고 있던 일을 오늘은 완전히 잊어버리게 될 수도 있기 때문이다. 그렇게 되면 그저 곤란하기만 한 것이 아니라 생존조차 어려워진다. 그래서 뇌는 '새로운 신경 회로를 만들지 않는' 방향으로 진화하기를 선택한 것이다.

이러한 기능 때문에 사람은 기억을 바탕으로 '사고'할 수 있게 된다. 뇌는 시냅스의 변화를 촉진함으로써 기억을 만들어 내고, 이를 바탕으로 사고할 수 있도록 진화해 온 것이다.

해마의 '단기 기억'에서 대뇌의 '장기 기억'으로

사실 해마에서 발생하는 시냅스 가소성으로 인해 기억이 형성되더라도 대부분은 수십 초에서 수십 분밖에 유지되지 않는다. 어디까지나 단기 기억에 불과하기 때문이다. 머릿속에서 그 기억을 몇 번이나 반복하고, 즉 반복 신호를 흘려보내기 위해 의식 한구석에서 떠올리는 리허설을 하지 않으면 그 기억은 점차 소거되고 만다. 기억을 유지하기 위해 중요한 시냅스의 강도가 강화될 수도 있지만, 반대로 약화할 수도 있기 때문이다.

기억을 장기간 안정화하려면 그 정보로 인해 변화된

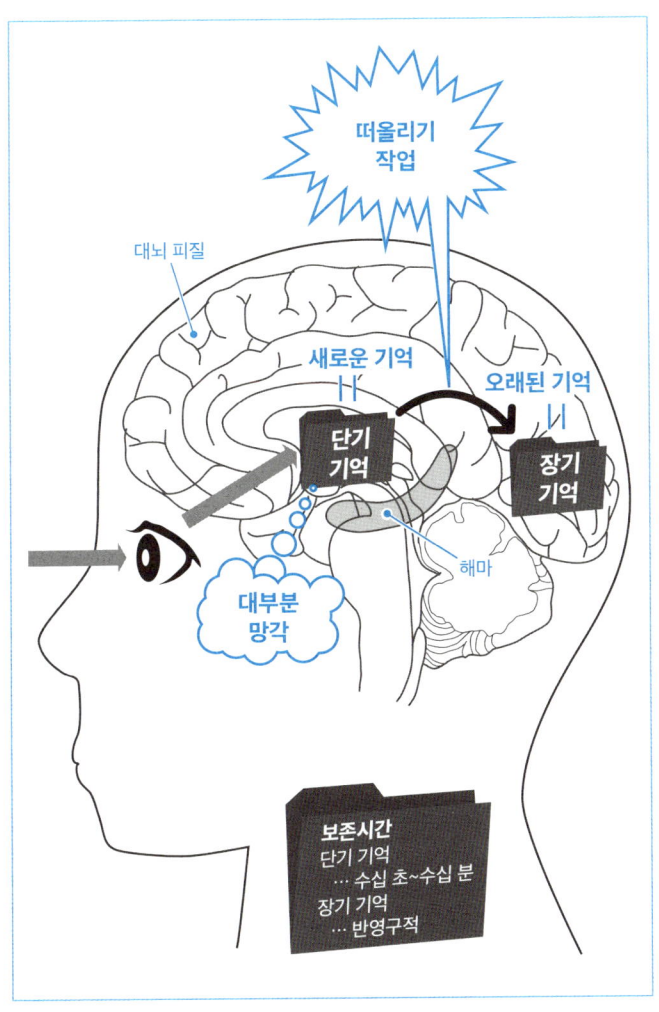

그림 6 | 단기 기억→장기 기억으로의 전환 과정

해마의 신경 회로에서 대뇌 피질의 신경 회로로 기억 보존 장소를 옮겨야 한다. 가령 지갑 속에 있는 돈은 항상 유동적으로 들락날락하지만, 은행에 맡겨 두면 쉽게 사용할 수 없으므로 안정적으로 변하고, 대게 점차 축적되어 증가하게 되는 것과 같은 이치다.

보존 장소를 대뇌로 이동시키기 위해서는 해마에서 시냅스 강도를 증강한 후, 리허설을 반복하여 몇 번이고 신호를 흘려보냄으로써 그 신호를 대뇌로 전달하고, 대뇌 피질에 있는 뉴런에서도 시냅스 강도를 강화해야 한다. 이러한 작업으로 인해 장기간 유지되는 기억은 광범위한 대뇌 피질에 축적된다(그림 6).

의외라고 생각할 수도 있겠지만, 사실 기억을 형성하는 데는 단백질이 크게 관련되어 있다. 해마의 뉴런이든 대뇌 피질의 뉴런이든 시냅스 강도를 변화시킬 때는 반드시 단백질 합성을 수반한다. 시냅스의 형태를 결정하는 것이 단백질이며, 신경 전달 물질을 분비하는 시냅스 소포도, 그 수용체도 모두 단백질로 이루어져 있기 때문이다.

해마에서 단기적인 기억을 만들고, 이 기억을 대뇌 피질에서 '안정된 기억'(장기 기억)으로 변화시키기 위한 일련의 과정에서 많은 단백질의 변화가 필수적이다. 만약 단백질이 공급되지 않는다면, 우리는 기억을 만들고 유지하기가 어려워진다. 기억은 단백질이 만들어 내기 때문이다.

또한 최근에는 단기 기억에서 장기 기억으로 전환하는

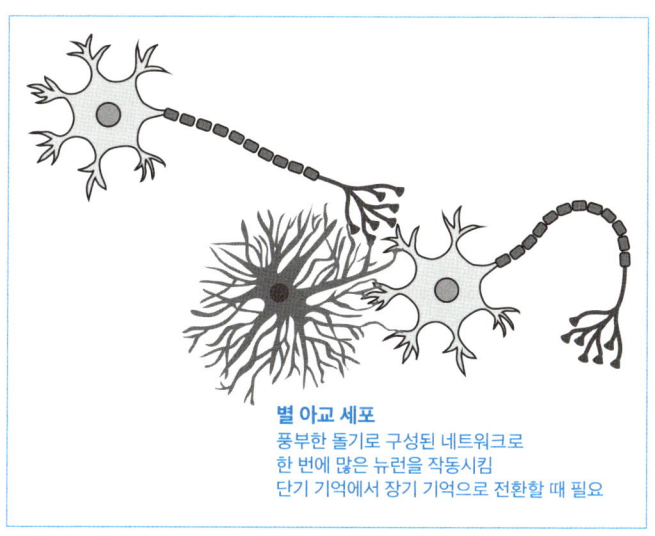

별 아교 세포
풍부한 돌기로 구성된 네트워크로
한 번에 많은 뉴런을 작동시킴
단기 기억에서 장기 기억으로 전환할 때 필요

그림 7 | 뉴런을 연결하는 '별 아교 세포'

과정에 대해 새로운 견해가 잇따라 보고되고 있다. 별 아교 세포라고 하는 신경 아교 세포의 한 종류가 해마에서 중요한 임무를 수행한다는 점이 밝혀진 것이다.

별 아교 세포는 세포 한 개에 무려 10만 개 이상의 돌기가 달렸으며, 그 돌기끼리 결합하여 거대한 네트워크를 만들어 정보를 전달한다. 뉴런이 보유한 돌기의 100배 이상이나 되는 돌기를 가진 별 아교 세포의 네트워크는 한 번에 많은 뉴런을 작동시킨다는 점에서 획기적인 구조라고 할 수 있다(그림 7).

최근 실시된 동물 실험에서 해마의 별 아교 세포가 작동하지 못하도록 조작했더니, 단기 기억에는 별다른 영향이 없었지만 장기 기억 형성이 저해되었다는 결과를 얻을 수 있었다. 실험 결과를 통해 해마의 단기 기억에서 대뇌 피질의 장기 기억으로 전환하는 데는 별 아교 세포가 절대적이며, 별 아교 세포의 풍부한 돌기 간 네트워크가 활용된다는 점이 밝혀진 것이다. 살아 있는 뇌의 작동 방법은 별 아교 세포의 지배하에 있다고 해도 과언이 아닐 것이다.

왜 해마에서 새로운 신호가 만들어질까?

사람의 뇌에는 1천억 개가 넘는 뉴런이 존재하며 이 뉴런들이 만드는 네트워크는 거대하기는 하지만, 당연하게도 무한하지는 않다. 기존의 뉴런만으로는 적기에 새로운 정보에 대응하기 힘들므로 기억을 획득할 때는 신생 뉴런이 만들어진다.

새로운 뉴런이 만들어지는 것을 '신경 신생'이라고 하는데, 이 현상은 주로 단기 기억을 생산하는 해마에서 일어나며, 장기 기억을 보관하는 대뇌 피질에서는 신경 신생을 절대로 목격할 수 없다. 기억을 만드는 데 필수인 해마는 성인 뇌에서는 드물게 신경 신생이 발생하는 부위 중 하나로,

새로운 기억을 획득하려면 해마가 신생 뉴런이 필요하기 때문이다.

그렇다 해도 성숙한 뇌에서는 새로운 신경 회로를 만들 수 없으므로 신경 네트워크 자체의 골격은 변하지 않는다. 따라서 새로운 뉴런을 무제한으로 만들어 낸다면 한정된 공간에 여유가 없어진다. 뇌는 모든 기억을 보존할 수 있는 구조가 아니기 때문이다.

그렇다면 한정된 공간에서 뇌는 어떻게 대응하고 있을까? 놀랍게도 해마의 신생 뉴런이 오래된 뉴런을 제거한다는 사실이 밝혀졌다. 새로운 기억을 획득하면 오래된 기억이 지워지는 것이다. 이는 곧 망각하지 못하면 새로운 기억을 획득할 수 없다는 말이다.

그렇다 치더라도 어째서 새로운 기억은 단기 기억을 생산하는 해마의 신생 뉴런에서 만들어지는 걸까? 그 이유는 대뇌 피질에 축적된 기존 장기 기억을 혼란스럽게 하지 않기 위해서다.

만약 새로운 정보가 해마를 경유하지 않고 갑자기 대뇌 피질의 신규 회로에 편입된다면 어떻게 될까? 새로운 기억을 갑자기 대뇌에 저장하기 위해서는 장기 기억의 보관 창고인 대뇌에서 기억과 연관된 회로를 변경해야 한다.

이렇게 되면 장기 보존해 온 과거의 지식과 경험이 점차 소거되고 덧씌워져 갱신할 수밖에 없게 된다. 오늘의 나는 어제의 나와 다른 존재가 되고, 자기 통일성을 잃고 마는 것이다.

이 같은 '덮어쓰기'가 일어나면 곤란하다. 뇌는 그 사람의 역사를 축적함으로써 가치가 높아지기 때문이다. 과거의 경험이나 지식은 그대로 보존한 채 필요한 부분만 변화해야 진화라고 할 수 있다.

덧씌워지는 변화가 일어나면 더는 과거의 경험을 통해 학습할 수 없고, 나에게 적합하지 않은 환경이나 천적을 피할 수도 없게 된다. 결국, 사회를 유지하기조차 힘겨워져 인류라는 종의 존속 위기로 이어지게 된다. 만약 그랬다면 인류는 여기까지 진화하지도 못했을 터다.

그 때문에 인류가 취한 방법이 우선 신규 기억을 해마에 모아 두고, 그중에서 정말 중요한 정보는 시간을 들여 천천히 대뇌 피질로 옮긴다는 전략이다.

거의 무한하다고 할 수 있는 신규 정보를 무조건 대뇌로 옮기는 것이 아니라, 우선 해마에서 신생 뉴런이 대응하게 하고 중요한 것만 대뇌 피질의 보관 창고로 이동시킨다는 점에서 대단히 훌륭한 전략이다.

이 같은 전략을 사용하는 뇌에서 안정된 장기 기억으로 발전시키기 위해서는 기억을 획득한 뒤 부단한 노력을 통해 그 정보와 연관된 뉴런 네트워크를 자극해야 한다. 이러한 '반복 자극'이야말로 뇌가 진정으로 중요한 정보를 판단하는 기준이기 때문이다.

결국, 대부분의 기억은 소거될 운명이라고 해도 과언이 아니다. 시험 전에 빠르게 쑤셔 넣은 기억은 장기 기억을 보유한 대뇌 피질의 뉴런 네트워크에 안정적으로 편입되지 않으므로, 시험이 끝나면 곧바로 잊히고 만다.

뉴런 네트워크는 유한하므로 만약 시험 때 급하게 집

어넣은 기억이 그대로 남아 있다면 신규 정보를 편입시킬 수 없게 될 것이다. 그러니 하룻밤 공부하여 급하게 쑤셔넣은 기억을 대부분 잊는 것은 당연하고도 건강한 일이다.

집어넣은 기억 중 앞으로의 인생에 필요한 기억만이 대뇌에 안착하고, 그 외에는 '그 정보는 어디에 있지?'라고 할 정도의 가물가물한 기억으로 남으면 충분하다. 이를 통해 '그 일을 한 번쯤 기억한 적은 있다'라는 흔적만 남아 나중에 같은 일을 다시 경험하게 되면 '아, 이거였구나.', '이런 일이었지!'라고 다시 떠올릴 수 있을 것이다. 그리고 그때 처음으로 그 기억이 대뇌에 새겨진다.

지금까지 망각을 이해하기 위한 '기억의 작동 원리'을 소개했다. 다음 장에서는 이 책의 하이라이트라고도 할 수 있는 '망각'에 대해 자세히 설명하겠다.

2장

뇌가 가진 '망각하는 힘'

망각을 통해 새로운 기억을 얻다

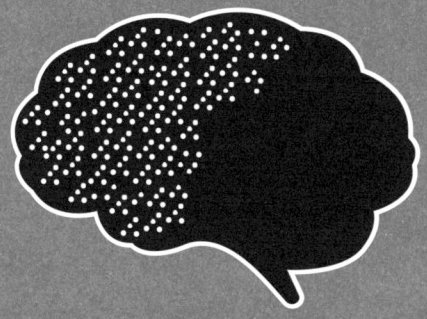

건망증이 심각했던
셜록 홈스

비상할 정도로 사물을 잘 기억하는 사람이 있는가 하면, 치매는 아닌데 금세 잊어버리는 사람도 있다. 학교 시험에서는 보통 얼마나 잘 기억하는지를 확인하므로 기억력이 좋은 사람일수록 높은 점수를 얻기 마련이다. 그러나 사회에서도 기억력 좋은 사람이 일을 잘한다거나 사회적으로 많은 공헌을 하는가 하면, 반드시 그렇다고 하기는 어렵다.

항간에는 대량의 정보를 순식간에 기억하는 방법을 알려 주는 강좌도 많은데, 엄청난 양을 기억할 수 있는 '암기 마스터'가 사회에서 뛰어난 활약을 했다는 이야기는 별로 들어 본 적이 없다. 오히려 평상시에 깜빡깜빡하던 사람이 더 큰 일을 해내는 듯이 보일 정도다. 저명한 기업가가 되거나 혁신을 일으킨 사람은 반드시 박식하다고 보기도 어렵다. 아마 여러분도 지금까지 살아오면서 만난 사람 중 짐작 가는 이가 있을 것이다.

이미 150년 전에 '건망증이 심한 천재'가 등장하는 대표적인 작품이 탄생했다. 바로 아서 코넌 도일이 쓴 탐정 소설 「셜록 홈스」 시리즈다.

이 작품의 주인공인 셜록 홈스는 뛰어난 관찰력과 추리 실력으로 수많은 미스터리 사건을 해결하는 명탐정이다. 그러나 조수인 왓슨 박사는 처음 홈스를 만났을 때, 홈스가 아무것도 모르는 무지렁이라고 착각했을 정도였다. 홈스가 코페르니쿠스의 지동설도 태양계 시스템도 알지 못해서였다. 그리고 홈스는 그 지식을 배운 뒤에도 오히려 "그 지식을 다시 잊어버리기 위해 노력해야겠다."라고 말하곤 했다.

홈스는 뇌를 '작은 다락방'에 비유하며, "어리석은 사람들은 온갖 잡동사니를 닥치는 대로 쓸어 넣으니 쓸모 있는 지식을 넣어 둘 장소가 부족하고, 기껏 넣어도 다른 것들과 뒤죽박죽돼서 필요할 때 꺼내어 쓸 수가 없다."라고 왓슨에게 사견을 밝힌다.

그러고는 이렇게 말을 이어간다.

"이 자그마한 방의 벽이 무한정 늘어나서 원하는 것을 다 넣을 수 있다고 생각하면 오산이다. 새로운 지식을 더한다는 것은 이전의 배움을 잊어야 한다는 의미다. 그러니 우리는 아무짝에도 쓸모없는 사실이 유용한 지식을 밀어내지 않도록 주의해야 한다."(「셜록 홈스」, 『주홍색 연구』에서)

이 같은 사고방식을 작품에 선보인 코넌 도일의 선견지명에는 눈이 휘둥그레진다. 작품이 탄생한 지 150년 가까이 지난 오늘날에 와서는 홈스 같은 사고방식이 뇌 과학적으로 합리적이라는 사실이 잇따라 증명되고 있기 때문이다.

뇌의 용량은 유한하다. 만약 그 용량을 점차 늘려 갈 수 있다고 하더라도 유지하는 데 막대한 비용이 필요하며, 저장된 기억을 적절하게 연결하기도 어렵다. 지식을 많이 쌓기만 하면 뛰어난 판단을 할 수 있다는 생각은 착각이다. 오히려 너무 많은 기억이나 지식은 적절한 판단이나 사고를 방해하기도 한다. 망각이라는 행위를 통해 뇌는 비로소 새로운 기억을 받아들이고, 그 사람다운 '사고'를 할 수 있게 만든다.

2장에서는 최신 뇌 과학 견해를 바탕으로 뇌가 가진 '망각의 힘'에 대해 설명하고자 한다. 이와 더불어 '망각을 대하는 자세'도 소개하도록 하겠다.

기억은 단백질로
이루어졌다

　1장에서 설명했듯이 기억을 저장하는 데는 뇌 전체가 관여하여 그야말로 역동적인 변화가 일어난다. 기억을 형성하는 '시냅스 가소성'의 중심적 역할을 담당하는 것이 바로 단백질이다. 시냅스의 형태도, 신경 전달 물질을 운반하는 캡슐도, 이를 수용하는 장치인 수용체까지 모두 단백질로 이루어져 있기 때문이다.

　'기억은 단백질로 이루어졌다'라는 이야기를 듣고 의외라고 생각하는 사람도 많을 것이다. 기억이 단백질로 이루어졌다는 말은 당연하게도 '망각'에 단백질이 깊이 관여한다는 의미다.

망각이란 단백질이 '파괴'됨에 따라 일어나는 현상이기 때문이다.

또한 망각은 시간이 지나면서 자연스럽게 단백질이 파괴되어 발생하는 '수동적 망각'과 기억과 관련된 단백질을 능동적으로 파괴함에 따라 발생하는 '능동적 망각'으로 나뉜다는 사실도 밝혀졌다. 기억의 근원이 되는 단백질은 시간이 지나면 자연스럽게 붕괴하는데, 이와 동시에 에너지를 사용하여 능동적으로 단백질을 파괴하는 작업도 이루어지고 있었다.

기억과 연관된 단백질을 능동적으로 파괴하다니, 언뜻 들어서는 이해하기 어렵다. 시간이 지나면 단백질은 어차피 파괴될 것이고, 뉴런도 점차 수명을 다해 감소할 텐데 어째서 일부러 에너지를 사용하면서까지 기억을 지우는 걸까? 이 이유야말로 책에서 가장 강조하고 싶었던 점이기도 하다. 이제부터는 '수동적 망각'과 '능동적 망각'에 대해 집중적으로 살펴보도록 하자.

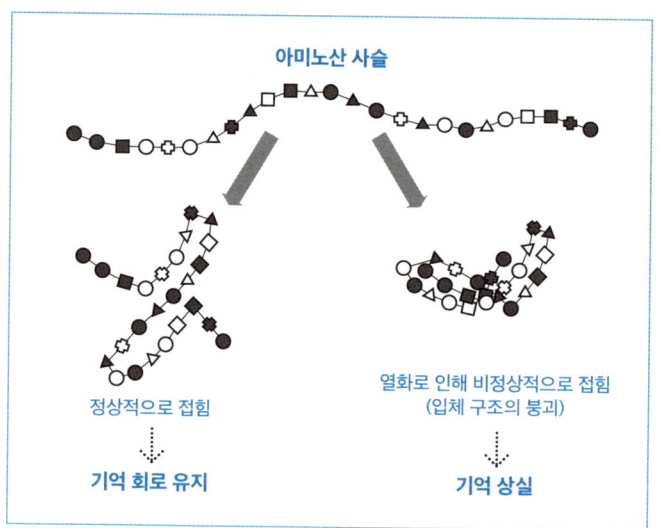

그림 8 | 단백질의 구조

기억의 근원인 단백질은 파괴되기 쉬운 성질 때문에 시간이 지나면 서서히 붕괴할 운명이다. 그렇기에 일부러 에너지를 쏟지 않아도 시간이 지나면 저절로 일정량의 망각이 발생하게 된다. 이것이 바로 '수동적 망각'이다.

기억과 관련된 단백질은 시간이 지나면서 어떻게 붕괴할까?

기억의 근원인 단백질은 20여 종의 아미노산 여러 개

가 직선으로 연결되어 만들어진 분자(그림 8)로, 긴 사슬 모양의 구조가 '어떻게 접히는지'가 매우 중요하다. 접힘 방식에 따라 입체 구조가 결정되며, 발휘할 수 있는 기능이 좌우되기 때문이다.

그리고 단백질의 입체 구조를 유지하는 데는 항상 에너지가 필요하므로 쉬운 일은 아니다. 따라서 시간이 지나면 입체 구조는 자연스럽게 붕괴하게 된다. 기억을 구성하는 요소인 단백질 상태가 악화하여 입체 구조가 붕괴하면, 당연히 그 기억 회로를 유지하기도 어려워진다.

단백질 접힘^{Protein folding} 방식을 포함한 품질관리 기능을 담당하는 것이 세포 내부에 존재하는 기능 구조 중 하나인 '소포체'다. 불량 단백질이 늘어나면 그 부담도 증가하고, 이에 따라 상태가 열화[3]된 단백질이 시냅스 기능 장애를 초래하며, 동시에 '소포체 스트레스'가 세포를 사멸시키게 된다.

---

3 **열화** 여러 가지 영향에 따라 화학적·물리적 성질이 나빠지는 현상.

또한 입체 구조가 무너진 단백질은 다수의 단백질이 서로 붙어 있으려고 하는 '응집' 현상을 일으키기 쉬워진다. 응집된 단백질은 배출도 분해도 잘 이루어지지 않고, 한곳에 머무르며 세포 기능을 손상한다.

기억과 관련된 회로로 이어지는 자극이 충분하지 않으면 붕괴 속도는 가속화된다. 어떤 일을 회상할 때 전기 자극이 반복해서 흐르는데, 이 자극이 없으면 단백질의 입체 구조를 유지하는 데 필요한 에너지가 공급되지 않고, 필요한 단백질이 새로 합성되지도 않는다. 결국, 그 기억과 관련된 단백질이 붕괴하고 회로 유지조차 어려워진다.

이 같은 단백질의 자연적인 붕괴가 시냅스 기능을 저하하고, 이는 기억 소실로까지 이어지는 것이다.

죽음이 존재함으로써 생명이 계속 진화할 수 있었듯이 뇌도 '단백질이 태어나 붕괴하는' 사이클을 통해 변용해 왔고, 환경에 적응할 수 있었다. 정보를 기억으로 저장할 때 단백질을 합성하여 시냅스 기능을 강화하지만, 단백질의 쓸모가 다하면 자연스럽게 붕괴하고 시냅스 기능도 원래대로 되돌아간다. 단백질의 붕괴, 즉 망각이야말로 환경의 변화에 맞춰 뇌에 변화를 불러오고 뇌를 진화시켜 왔다고 해도 과언이 아니다.

지금까지는 시간이 지나면 단백질이 붕괴하는 '수동적 망각'에 대해 설명했다. 수동적 망각처럼 기억과 관련된 단백질을 능동적으로 파괴하거나, 기억 회로를 빠르게 붕괴시키는 단백질을 합성하면 망각은 더 빠르게 진행된다.

실제로 뇌에서는 이러한 '능동적 망각'이 발생한다. 뇌는 기억을 유지하려고 노력하기는커녕, 한시라도 빨리 기억을 지우려 애쓰고 있던 것이다.

그렇다면 능동적 망각은 왜 발생하는 걸까?

본래 성체는 변화를 싫어하게끔 만들어졌다. 이를 '항상성 유지'라고 하며, 생명체의 대원칙이기도 하다. 예를 들어 체온이 변화하면 땀을 내거나, 혈류 변화를 일으켜 원래 상태로 되돌아가고자 조절하는 현상을 통해 우리는 이를 실감할 수 있다.

뇌 역시 마찬가지다. 일상생활이나 업무 중에 얻은 방대한 정보는 당연하게도 뇌의 상태를 변화시킨다. 새로운 기억은 '뇌의 항상성을 위협하는 변화'라고도 할 수 있는데, 생체 시스템은 이러한 변화에 대응하여 원래 상태로 돌아가고자 '항상성 유지'라는 힘을 작동시킨다.

뇌는 항상성을 유지하기 위해 정보로 인해 변화한 단백질을 합성하고, 그 때문에 변화한 시냅스 강도를 원래 상태로 되돌리려 한다. 그리고 그 기억과 관련된 단백질을 능동적으로 소멸시킨다. 원래 상태보다 단백질 합성이 증가하면 그 합성량을 원래대로 되돌리는 동시에 능동적으로 분해하여 원래 상태로 되돌아가려는 힘이 작용하는 것이다.

그리고 놀랍게도 망각을 능동적으로 추진하는 단백질이 존재한다는 사실이 밝혀졌다. 바로 'Rac1'이라는 분자다.

이 분자는 '저분자량 G 단백질'이라고 불리는 단백질 그룹 중 하나로, 세포 내 정보 전달을 촉진하는 스위치 역할을 한다. 그리고 이 분자는 세포의 형태나 운동, 세포 간 결합, 유전자를 사용하는 방법에까지 관여하는 등 그 기능이 다방면에 걸쳐져 있다.

이 Rac1이 발현되면 능동적 망각이 발생한다는 사실이 밝혀졌다. Rac1은 '액틴 섬유'라는 세포 골격의 형태를 변화시키는 기능도 하는데, 이 기능은 시냅스를 만드는 중요한 장소인 세포 돌기가 소실되도록 매개한다. 이에 따라 시냅스가 줄어들고, 기억도 소실되는 것이다.

능동적 망각을 촉진하는 'Rac1'은 언제 증가할까? 바로 새로운 정보에 설렘을 느껴서 도파민을 풍부하게 분비할 때다. 뒤에서 상세하게 설명하겠지만, 해마에도 도파민을 만드는 신경이 다량으로 분포되어 있어서 시냅스의 변화를 끌어내고, 새로운 기억을 저장하도록 촉진한다. 뇌는 이러한 변화에 반응하여 Rac1을 활성화하고 오래된 기억을 지운다.

'뇌가 능동적으로 기억을 파괴하기 위해 단백질을 생성한다'라는 사실에 놀라는 사람도 많을 것이다. 나 역시 이 사실을 알고 난 뒤 내 건망증을 용서하게 되었다. 그전까지만 해도 '어째서 이런 간단한 일도 기억하지 못하는 거야!'라며 자신을 한심하게 여기거나 화를 내고, 우울해지기까지 했는데, 이제는 정말로 마음이 가벼워졌다. 망각이야말로 새로운 일에 도전하고 있다는 증거니까 말이다.

능동적으로 기억을 지우는 존재는 'Rac1'뿐만이 아니다. 신경 아교 세포의 일종이자 뇌의 면역 세포이기도 한 '미세 아교 세포'는 사용 빈도가 적은 뉴런을 확실하게 제거한다. 미세 아교 세포는 해마 내에서 활동성이 낮은 시냅스를 형성하는 뉴런을 공격하고 제거한다. 이는 기억을 장기적으로 정착시키기 위한 작업이다. 활동하지 않는 잉여 뉴런을 능동적으로 제거함으로써 사용 빈도가 높은 뉴런이 활동하기 쉽게 만들고, 효율이 좋은 회로를 만드는 역할을 한다.

활동성이 낮은 뉴런 간 연결이 많으면, 그 회로가 작용할 때 잡음이 생긴다. 잉여 정보가 많이 유입되면 처리하는 데 시간이 걸리고, 결과적으로 적절하게 처리하지 못할 가능성이 커진다. 따라서 미세 아교 세포는 전기 활동이 낮은 뉴런을 제거함으로써 그 신경 회로를 최적화하는 것이다.

이처럼 뇌가 '능동적으로 망각하기 위해 부단한 노력'을 한 결과, 필요한 기억이 제대로 유지되고, 뇌의 기능이 사고나 감정 모든 면에서 건강하게 유지될 수 있도록 필요한 기억을 연결할 수 있는 것이다.

기억하기 위해
오래된 기억을 소멸시킨다

앞에서 뇌가 하는 능동적 기억 소거 활동은 이뿐만이 아니라, 어디까지나 주도적이라는 면을 확인할 수 있었다. 1장에서 잠시 언급했지만, 새로운 기억을 획득하기 위해 만들어진 해마의 신생 뉴런이 오히려 해마의 오래된 뉴런을 소거하고 있다는 사실도 밝혀졌다.

동물 실험을 활용한 기억 연구 중에는 전기 충격을 가하여 공포를 학습시킨 뒤, 당시 환경을 재현했을 때 공포 기억으로 움직임이 경직된다는 점을 이용하는 연구가 많다. 새로운 기억을 저장하는 데 필수적인 신생 뉴런의 생산량은 운동으로 인해 증가하거나, 방사선이나 특정 항암제로 인해 감소하기도 한다. 이런 방법을 통해 신생 뉴런의 생산량을 증감시킴으로써 공포 상황을 기억하는지 알아보는 것이다.

이 같은 실험 결과, 운동을 통해 신생 뉴런을 생산하는 '신경 신생'을 증가시키면, 공포 기억으로 인한 경직 횟수가 감소한다는 점을 알 수 있었다. 운동을 통해 새로운 신경이 생성되도록 촉진하면 각인된 공포 기억을 더 빨리 잊게 된다. 반대로 신경 신생을 억제하면 새로운 기억을 형성하기 어려워지는 데다, 운동으로 인한 망각 촉진 효과도 감소한다는 사실 역시 많은 연구자로부터 확인되었다.

즉 해마에서 신경 신생이 감소하면 해마에 저장된 기존 기억이 장기적으로 유지된다는 것이다. 바꿔 말하자면 새로운 기억을 저장하지 않으면, 그전에 저장한 기억은 남기 쉬워진다는 말이다. 새롭게 생겨난 뉴런이 오래된 기억을 적극적으로 소멸시키기 때문이다.

사람 역시 새로운 기억을 획득하지 않으면 잊어버리는

빈도가 낮아지고, 기존 기억이 더 오래 유지된다는 점은 마찬가지다.

이처럼 기억의 능동적 소멸 기능 때문에 상대적으로 오래된 신생 뉴런은 기억 상기 활동을 반복하는 리허설을 통해 장기 기억을 보존하는 장소인 대뇌 피질로 옮겨가지 못하면, 해마에서 계속해서 태어나는 더 새로운 신생 뉴런에 의해 점차 소멸하게 된다. 그야말로 약육강식이다. 해마는 신생 뉴런의 전시장이자, 생존을 건 장렬한 싸움이 항상 반복되는 전쟁터인 셈이다.

이 시스템의 최대 포인트는 새로운 기억과 관련된 신생 뉴런이 태어나기 위해서는 물리적인 공간이 확보되어야 한다는 점이다. 이를 위해 상대적으로 오래된 신생 뉴런을 소멸시켜야 한다.

이는 생명의 세대교체와도 닮았다. 오래된 개체가 영원히 살아 있다면 새로운 개체가 태어날 여지가 없어지고, 그 '종' 전체로서도 새로운 환경에 적응할 수 없기에 결국 모든 생명이 멸종되고 말 것이다.

　마찬가지로 신생 뉴런도 항상 세대교체를 진행한다. 오래된 기억이 자리를 비워줌으로써 새로운 기억이 생겨나고, 인류가 진화할 수 있었다. 만약 우리가 망각할 수 없다면 새로운 기억을 저장할 수도 없고, 새로운 환경에 적응할 수도 없으며, 개인으로서의 성장도, 종으로서의 진화도 불가능하다. 생명도 기억도 항상 변화하기에 계속해서 미래를 향해 나아갈 수 있는 것이다.

시간이 지남에 따라 망각이 진행된다

앞에서는 기억 저장과 망각의 배경에는 단백질의 생성과 붕괴가 존재한다는 점을 설명했다. 단백질은 쉽게 붕괴하며, 심지어 능동적으로 망각을 촉진하는 단백질까지 존재한다. 그렇다면 한번 형성된 기억은 어느 정도 시간이 지나면 사라지는 걸까?

이를 나타낸 유명한 그래프가 '에빙하우스 망각 곡선'이다. 가로축은 시간의 경과를 나타내고, 세로축은 기억하는 비율을 나타낸다. 이 망각 곡선을 통해 기억을 획득한 지 20분 뒤에는 42%의 기억이 사라지며, 1시간 뒤에는 56%,

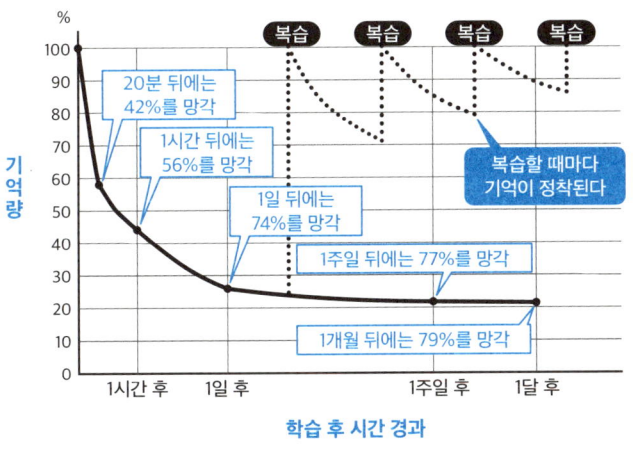

표 1 | 에빙하우스 망각 곡선

1일 뒤에는 74%가 사라진다는 사실을 알 수 있다(표 1). 그리고 1개월 후에는 79%를 잊어버리므로, 처음 20분 동안의 망각 속도가 가장 빠르며, 1일 뒤에 기억하고 있다면 1개월 뒤에도 기억하고 있을 확률이 높다. 이는 생쥐나 초파리를 활용한 동물실험 연구에서도 거의 같은 결과를 보였으며, 기억량은 최초 20~30분 동안 급속히 감소했다.

즉 본래 30분 이내에 복습하는 것이 가장 효율적이고, 기억이 정착하게끔 촉진된다. 그리고 24시간이 지났다면, 1

일 뒤건 1주일 뒤건 복습 효율에는 큰 차이가 없다. 무언가를 반드시 기억해야만 한다면 무조건 빨리 뇌 속에서 반복해야 한다. 그렇지 않으면 뇌에서는 '특별히 중요한 정보는 아니다'라고 판단하여 기억을 점차 소멸시킨다. 그것이 정상이고, 당연한 일이다.

심지어 시간이 지나면서 '능동적 망각'과 '수동적 망각'의 작동 방식에도 변화가 생긴다. 앞에서 설명했듯이 기억을 사라지게 하는 단백질 'Rac1'이 작동하지 않도록 동물 유전자를 조작하여 경과를 관찰하면 최초 30분 동안은 기억 붕괴 속도에 별다른 차이가 보이지 않았다. 즉 최초 30분 동안은 능동적 망각보다 수동적 망각이 관여한다는 점을 알 수 있다.

그 후 24시간까지는 Rac1이 작용하지 않는 쪽이 기억 붕괴가 적었고, 24시간 이후에는 Rac1이 작용하건 안 하건 큰 차이가 없었다. 즉 획득한 기억은 최초 30분 동안 단백질의 자연스러운 붕괴로 인해 순식간에 사라지고, 30분 이후부터 24시간까지는 Rac1이 작용하여 능동적으로 기억을 소멸시키는 셈이다.

이 Rac1을 통해 '잊고 싶지 않은 기억'과 '잊고 싶은 기억'을 어느 정도 제어할 수도 있다. 만약 잊고 싶지 않은 기억을 획득했다면 적어도 그날 하루 동안 신경 신생을 촉진하는 운동이나 Rac1을 활성화할 만큼 흥분하게 만드는 다른 정보를 접하지 않도록 노력해야 한다. 앞서 설명한 바와 같이 능동적 망각을 발생시키기 때문이다. 시험공부를 하고 난 뒤 격렬한 운동으로 스트레스를 푸는 사람은 없겠지만, 가능하면 일상적으로 하던 달리기 같은 운동도 자제하고 그대로 푹 잠들기를 추천한다.

'잊지 않기 위해서'라는 맥락에서 망각 곡선을 인용하는 경우가 많으나 '잊기 위해서'라는 맥락으로도 활용할 수 있다. 특히 잊기 힘든 '끔찍한 기억'에 대해 생각해 보자. 왜 끔찍한 기억은 잊기 어려운 걸까? 그 기억이 마음에 정동을 불러일으켰고, 스스로 몇 번이나 반추했기 때문이다. 누구나 이미 지나간 일을 계속해서 떠올리며 '이렇게 할걸.', '그렇게 했으면 좋았을 텐데.'라고 후회해 본 일이 있을 것이다.

그러나 이처럼 생각의 늪에 빠지는 행동은 '끔찍한 기억을 복습'하는 것과 같다. 불쾌한 일을 잊고 싶다면 사건 자체를 되돌아볼 것이 아니라 우울한 감정 자체만 받아들이고 끝내야 한다. 기억하고 싶지 않은 기억을 바로 '복습'하지 말고 첫날은 가능한 만큼 많이 잊어야 그 기억을 길게 유지하지 않을 수 있기 때문이다.

앞에서 설명했던 Rac1의 사례를 토대로 생각해 보면, 기억을 저장하는 방법과 반대로 행동하면 기억하고 싶지 않은 기억을 잊는 데 도움이 될 것이다. 즉 잊고 싶은 경험을 했다면 기분 전환 삼아 운동을 하거나, 아무 생각 없이 빠져들 수 있는 게임에 집중하는 편이 낫다. 앞에서 설명했듯 무언가에 몰입하다 보면 반복해서 떠올릴 여유도 없어지고, 도파민 분비가 촉진되어 끔찍히도 싫었던 기억을 잊는 데 도움되기 때문이다.

잠재의식 속에 잠들어 있는 기억

지금까지 뇌는 적극적으로 기억을 지운다고 이야기했다. 시냅스를 잘라내는가 하면, 뉴런 자체를 소멸시키는 방향으로 유도하여 제거하는 등 상당히 과격한 일을 하고 있다. 그러나 여기서 착각하면 안 될 점이 '하나의 기억'이 정확히 '하나의 뉴런', '하나의 시냅스', '하나의 단백질'에 대응하지 않는다는 사실이다.

기억은 어디까지나 어떤 신경 회로의 전기 신호가 쉽게 흐르게 되어 탄생하는 것이다. 만약 단백질이 붕괴한다고 해도 '전기 신호가 조금 흐르기 힘들어졌네'라고 느끼는 정도의 변화에 불과하며, 결코 기억 자체가 완벽하게 사라지지 않는다.

예컨대 '텔레비전에서 봤던 탤런트나 배우 이름이 떠오르지 않는 것'처럼 기억날 법한 일이 좀처럼 떠오르지 않을 때가 있다. 그러다 시간이 지나고 나서 갑작스레 떠오르기도 하는 사례를 통해 기억은 완전히 사라지지 않는다는 점을 이해할 수 있을 것이다. 이를 '일시적 망각'이라고 하며, 이미 존재하는 방대한 기억 속에서 특정한 기억을 찾기 힘들어지는 현상을 가리킨다.

나는 예전에 어떤 모임에서 인사를 할 일이 있었는데, 관계자 이름이 선뜻 입 밖으로 나오지 않아 곤란했던 적이 있었다. 나중에까지 아주 민망했던 것은 말할 것도 없다.

이 역시 기억의 작동 원리를 떠올려 보면 당연히 있을 수 있는 일이다. 기억을 저장해도 그 기억에 대응하는 독립된 회로나 세포가 없으므로, 충분히 기억이 파묻힐 수 있다. 기억은 어디까지나 방대한 뉴런 네트워크 속에서 그 기억과 관련 있는 회로의 시냅스 전달 강도가 아주 조금 강해진 것뿐이다. 기억을 인출하지 못한 이유는 그 기억과 관련된 뉴런을 사용하는 다른 신경 회로가 자극되고 있었거나, 관련된 단백질이 조금 감소했기 때문이다.

이름을 떠올리지 못했던 사람과는 반년 정도의 간격으로 대화나 조금 나누는 사이였다. 만나지 않는 동안 여러 요인으로 시냅스 강도가 약화하여 이름이 금방 입 밖으로 나오지 않았던 것 같다. 결국, '일시적 망각'이란 시냅스 강도가 약화하여 방대한 기억 속에서 찾기 어려울 정도로 '희미한 기억'이 되었다는 의미다.

이같이 희미한 기억은 네트워크를 최대한 가동해 그 사람과 관련된 다른 사람이나 사건과 연관된 기억을 더듬어 가다 보면, 겨우 떠올릴 수 있을 정도의 기억이라고 할 수 있다.

그리고 이런 기억은 다양한 원인으로 점차 떠올리기 어려워진다. "혀끝에서 맴도는데 좀처럼 튀어나오질 않네." 우리는 종종 이런 일을 경험한다. 가장 흔한 원인으로는 다른 기억 회로가 활성화되어 어떤 기억을 떠올릴 수 없게 되는 '간섭' 현상을 들 수 있다. 이는 하나의 뉴런이 하나의 기억에 대응하는 것이 아니라, 많은 기억과 공유되기에 발생하는 현상이다.

비슷하게는 '유사한 다른 관련 기억을 먼저 떠올려서 알아내고자 했던 기억의 회복을 방해'받는 일도 있다. 이를 전문용어로 '인출유도 망각'이라고 한다. 이해하기 어려운 표현이지만 '떠올리고 싶은 기억과 유사한 기억을 떠올리게 되면, 실제 떠올리려고 했던 기억을 찾아내기 어려워진다'라는 의미다. 시험이나 퀴즈에서 이름을 떠올리려 할 때 정답과 다른 비슷한 이름을 상기하고 나면 더 이상 생각이 진전되지 않는 일은 아주 흔하다.

희미해진 기억을 떠올리기 힘든 다른 원인으로 '기억하려고 하기 직전에 뭔가 다른 자극이 가해지면 생각해 내기 어렵다'라는 사실도 널리 알려져 있다. 이는 도파민이라는 신경 전달 물질과 관련이 있다.

도파민을 생산하는 '도파민 생성 세포'는 해마에 풍부한 섬유를 기르고 있어서 새로운 기억을 형성하는 데 유리하다. 반대로 이미 축적된 지 오래된 기억을 떠올리는 기능은 약해진다.

이러한 이유로 발생하는 일시적 망각은 관련된 신경 회로의 구조 자체에는 변화를 일으키지 않으므로, 잠시 후 다른 자극이 가해지면 "아, 맞다!" 하며 떠올릴 수 있다. 대부분은 이런 일이 생겨도 아무런 문제도 없을 것이다. 다만 신세 진 은인의 이름이 갑자기 떠오르지 않는다면 아주 큰 결례를 범하게 되므로 주의하자. 잊었을 때 빈축을 살만한 이름이라면 가끔 떠올리면서 회로를 활성화해 두고 만일에 대비하기를 추천한다.

또, 간단하게 '희미한 기억'이라고 했지만, 희미한 기억들에도 농담濃淡의 차이가 있다. 일시적 망각처럼 힌트만 주면 떠오르는 기억도 있지만, 전혀 떠오르지 않는 기억도 있다. 아무리 노력해도 떠오르지 않는 기억은 영원히 사라지는 걸까?

사실 전혀 떠올리지는 못해도 '잠재의식 속에 잠들어 있을 뿐, 무의식중에 그 사람의 행동에 영향을 끼치는 기억'은 아주 많다. 기억의 종류 중 '의미 기억'이나 '정서 기억',

'절차 기억'은 의식하지 않아도 그 사람의 행동에 커다란 영향을 미치고 있다.

망각을 의식할 수 있는 것은 대부분 '일화 기억'이고, 잊은 게 확실한 일화 기억이라도 무의식 속에 잠들어 있을 때도 있다.

여러분 역시 학창시절 교과서 내용을 외워서 어찌어찌 쪽지 시험에는 임했지만, 거의 떠오르지 않아서 심각하게 나쁜 성적을 받은 경험이 있을 것이다. 그런데 재시험 전날에 다시 한번 교과서를 대충 훑어봤을 뿐인데 술술 답을 적어 내려간 데다 좋은 점수까지 받기도 했을 것이다.

이와 같이 기억하지 못하는 사이에 기억 회로가 상당히 완성되기도 한다. 마지막 한 구간만 이어지면 의식 위로 모습을 드러낼 수도 있다. 기억은 0과 100으로 정확하게 나뉘지 않기 때문이다.

의식할 만큼 뚜렷한 형태로 드러나지는 않아도, 뇌 속 깊은 곳에는 많은 기억이 잠들어 있다. 그리고 무의식중에 잠들어 있는 기억의 파편이 판단 능력을 형성한다. 당장 떠올리지 못해도 결코 헛된 일이 아니다. '열심히 공부해도 어차피 잊어버릴 테니 쓸모없다.'라며 포기하지 말자. 새로운 일에 도전하고, 점차 잊어 가자.

3장

절대 잊히지 않는 기억이 있다

잊고 싶어도 잊히지 않는 그 기억

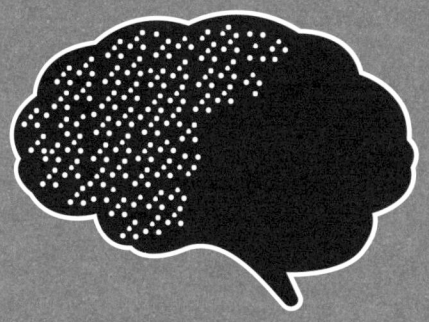

신경 회로에
편입된 기억

지금까지는 기억을 망각할 때 뇌에서 어떤 일이 일어나는지 상세하게 살펴보았다. 많은 독자가 '뇌에는 능동적으로 망각하는 기능이 있다'라는 사실을 알고 상당한 충격을 받았을 것이다. 뇌는 새로운 기억을 저장하기 위해 능동적으로 기억을 지우고 있었다.

그런 한편 부정적인 기억은 잊고 싶어도 잘 잊히지 않는다. 부정적인 기억은 뇌에 잔재해 모든 행동에 제약을 걸거나, 모든 방면에서 머리를 아프게 한다. 사실 많은 사람에게 잊는다는 사실보다 '잊고 싶어도 잊지 못하는 기억'이 더 번거롭지 않을까?

이처럼 '잊고 싶어도 잊지 못하는 기억' 외에도 걷는 방법이나 자전거 타는 방법처럼 신체를 움직이는 방법이나, 호불호 같은 개인의 기호 같은 것은 평생에 걸쳐 잊을 수 없다.

뇌가 능동적으로 기억을 지우는 와중에도 이처럼 '잊지 못하는 기억'들은 도대체 어떤 특징이 있는 걸까? 이 장에서는 '잊을 수 없는 기억'에 대한 뇌 과학을 살펴보자.

아직 정착되지 못한 기억은 항상 망각의 파도에 휩쓸린다. 결코 안정적인 기억이 아니기 때문이다. 반대로 한번 신경 회로에 편입된 기억은 잊기 힘든 공고한 기억이 된다.

뇌에 어떤 신경 회로가 형성되는지는 유전적 요소와 8세~10세 사이 유소년기 환경에 달렸다. 신경 회로를 고정화하는 미엘린 수초는 3세가 되면 뇌 심부, 뇌간이나 간뇌, 해마나 편도체(변연계) 등에서 형성이 끝나고, 가장 늦은 전두엽에서도 8세~10세면 형성이 종료된다.

순차 기억이나 정동 기억 같은 '비서술 기억'은 대부분이 뇌 심부에 저장되기 때문에 보통 3세 정도까지 신경 회로 속에 편입되고, 그 뒤로는 거의 바뀌지 않는다.

이 같은 신경 회로의 기억은 그 사람의 근간을 이루는 기억이 되어 좋든 싫든 평생 따라다닌다. 특히 기쁨이나 공포 같은 정동 측면에서 경향은 바뀌지 않는다고 해도 과언이 아니다.

자기가 바라던 기질이 아니라 하더라도, 앞으로 바뀌지 않는다면 스스로가 가진 장점을 개성으로 여기고 낙관적으로 받아들이는 편이 건설적이다. 자기 기질은 부모님이 최선을 다해 건네준 선물이자, 인류 발전을 이룩해 온 다양성의 근간이라고도 할 수 있으니 말이다.

뇌 뒤쪽의 신경 회로가 고정된 뒤에도 '자기의식', '행동의 동기 부여', '자기 억제', '공감력' 같은 기능은 시간이 지날수록 성숙해진다. 인류의 특징이라고 할 수 있는 전두엽의 이런 기능은 10세 전후까지 성장이 지속된다.

이 같은 전두엽 기능도 열 살이 지나 신경 회로에 편입되고 나면 고착화된다. 그리고 개인별로 다른 전두엽의 기능이 개성을 낳고, 행동의 차이나 장단점을 만든다. 예컨대 직장에서도 감정 억제를 잘하는 사람은 주변으로부터 온화하고 신뢰할 수 있다고 평가받지만, 스트레스가 쉽게 쌓일 수 있다. 감정 억제를 잘하지 못하는 사람은 주변 사람들과 문제를 일으키기 쉬울 수 있지만, 동료를 이끌어 저돌적으로 위기를 돌파하는 리더십을 잘 발휘한 사례도 있다.

이 같은 개성의 차이야말로 곧 사람의 다양성이 되므로 상당히 중요하다. 만약 모든 사람이 환경의 변화에 똑같이 반응한다면 인류의 미래는 훨씬 어두워질 것이다.

신경 회로가 형성되는 10세 정도까지 저장된 기억은 아주 굳건하며, 이 이후에 시냅스로 인해 저장되는 기억과는 근본적인 차이가 있다. 건망증이 심해서 신경 쓰는 사람이라도 자기 이름이나 출생지, 어떤 가정 환경에서 자랐는가처럼 '내가 나로 존재한다는 증거가 되는 기억', 즉 신경 회로에 편입된 기억은 잊지 못할 것이다. '무엇을 기쁨이라고 느끼는가?', '스트레스에 어떻게 반응하는가?'처럼 기호나

가치관, 성격 같은 것들은 바뀌지 않는다.

어떤 일에 화가 나고, 어떤 일에 기쁨을 느끼는지 같은 일들은 인생을 살아가는 방법을 크게 바꾸는 요소가 된다. 그러므로 10세 정도까지 어떤 경험을 겪고, 어떤 사고를 하는지가 상당히 중요하다.

아이가 아직 어릴 때 "인생이란 건 이렇게 즐거운 거란다."라고 주지시키자. "모두가 내 존재를 좋아한다."라는 사실을 뇌 깊숙이 주입하자. 그 기억은 평생 남아 인생 최대의 재산이 될 것이다.

정동을 일으킨 사건은 잊을 수 없다

지금까지 설명해 온 시냅스 가소성으로 인해 저장된 기억, 즉 우리가 '건망증'에 대해 말할 때 자주 등장하는 일화 기억은 어떨까? 이런 종류의 기억은 시냅스에서 여러 가지 단백질을 합성하여, 시냅스 강도를 변화시켜 저장했다. 그리고 이와 반대로 기억의 근원이 되는 단백질을 적극적으로 파괴하여 망각을 촉진하고 있다는 사실도 알아보았다.

기억은 일반적으로 시냅스에서 태어나서 사라지는데, 그중에서도 잊기 힘든 기억이 있다면 바로 '정동을 일으킨 기억'이다.

기억은 먼저 해마의 신생 뉴런에 의해 만들어지고, 그 후 대뇌 피질로 옮겨가서 축적되는데, 이 해마에 인접한 '편도체'가 정동을 만들어 내는 부위다. 어째서 정동을 일으키는 편도체와 기억을 만들어 내는 해마가 인접해 있는 걸까?

그 이유는 보통 쉽게 흘러 사라지는 시냅스 기억 중에서 제일 처음으로 남겨 둘 만한 기억이 정동을 일으키는 사건이기 때문이다. 강한 두려움을 느낀 사건이 있다면 다음부터 그 행동을 피하지 않으면 생존에 위협이 될 것이고, 커다란 기쁨을 느낀 사건이 있었다면 몇 번이라도 이를 맛보고 싶을 것이다.

큰 위험을 초래하는 상황이나 반대로 큰 보수가 주어지는 상황을 잊는다면 행복하고 안전하게 살아가기란 어려울 것이다. '나를 지켜 줄 사람은 누구인가?'라는 사실 역시 결코 잊어서는 안 되는, 생존에 꼭 필요한 기억이다. 이처럼 중요한 기억을 잊지 않기 위해서 해마와 편도체는 인접하여 있으며, 풍부한 네트워크를 형성하여 '정동을 일으킨 사건'을 확실하게 기억하려 한다.

"그 사람이 무례한 말을 해서 화가 났어.", "그 상사는 깐족대면서 질책하니까 불쾌해."처럼 부정적인 감정부터 동료가 감사를 표해서 기뻤던 일처럼 긍정적인 감정까지, 정동을 일으킨 사건은 여러 방면에 걸쳐져 있다. 특히 인간관계를 둘러싸고 부정적인 감정을 동반한 기억이 뇌리에서 떠나지 않아 마음이 무거웠던 경험을 한 사람이 많을 것이다.

'이런 일은 생존과 관련되지 않았는데, 왜?'라고 생각할지도 모르겠다. 하지만 천만의 말씀. 인간이 사회적인 동물인 이상, 사회에서 자기 위치를 잘 파악하는 것은 생존과 직결되는 일이다. 사회에서 쫓겨나면 인간뿐만 아니라 많은 동물이 살아가기 힘들어진다. 그러니 신경 쓰는 것이 당연하고, 잊지 못하는 게 자연스럽다고 할 수 있겠다. 그렇다면 이처럼 '부정적인 기억'은 어떻게 마주하는 것이 좋을까? 다음 챕터에서 살펴보자.

기억하고 싶지 않은 기억은
어떻게 잊을까?

편도체에서 생겨나는 공포나 화와 같은 감정은 뇌간에서 노르아드레날린Noradrenaline이라는 신경 전달 물질을 분비하게 한다. 이 노르아드레날린을 만드는 뉴런은 사실 해마에도 풍부한 신경 섬유를 보내고 있으며, 이 자극으로 인해 기억에 필요한 뉴런을 만드는 '신경 신생'이 활발해진다는 사실이 밝혀졌다.

이처럼 정동을 일으킨 기억은 뇌에 확실하게 저장된다. 이 같은 기억이 살아가는 데 중요하기도 하지만, 불안이나 스트레스가 되어 우리의 신체에 악영향을 미치기도 한다.

인간의 뇌에 불안이나 스트레스가 너무 많으면 겪게 되는 대표적인 질병이 '우울증'이다. 우울증에 걸리면 걱정거리나 부정적인 생각이 머릿속을 빙글빙글 돌아다니는 '반추 사고'에 빠지게 된다. 또한 충격적인 장면을 목격하거나 심각한 중상모략을 겪거나 중요한 야구 시합에서 큰 실수를 저지르는 것처럼 정동을 크게 일으키는 데다가, 미래의 나에게 아주 부정적인 영향을 미칠 것 같은 기억도 있다. 바로 '트라우마'다.

거기까지 가지 않아도 주변 사람들과 사소한 오해가 쌓인다거나 무례한 태도 때문에 불쾌했던 경험 등이 스트레스로 축적되면 '우울증'이 생긴다.

이와 같은 부정적인 생각이나 불안이 끊임없이 머릿속을 돌아다니며 항상 그 기억 회로를 자극하게 되므로, 지금까지 설명한 '망각 메커니즘'이 작동하지 않게 된다. 당연하게도 불안은 점차 강해지고, 기분은 더욱 우울해진다. 불안이나 스트레스도 긴 시간 동안 지속되는 정동이라고 할 수 있으며, 그 기억은 불안 때문에 항상 자극받게 되어 더욱 강하게 남는다.

그렇다면 부정적인 기억은 잊고, 불안감은 가볍게 만들기 위해서는 어떻게 해야 할까?

어려운 일이겠지만, 불안을 멀리하기 전에 우선 침착해져야 한다. 지금 처한 현실을 정면으로 받아들이고, 때로는 자신의 능력 부족을 인정해야 한다.

불안을 누그러뜨리기 위해 '오히려 그 불안감에 잠시 흠뻑 젖어 우울함을 충분히 느껴 보는' 것도 하나의 방법이다. 이런 방법이 역설적으로 보일 수도 있을 것이다. 그렇다면 왜 우울함을 느껴 볼 필요가 있는 걸까?

우울한 감정 때문에 아무 의욕도 없이 그저 멍하니 시간만 보내게 되면 그 일이 기억으로 저장되기 어렵기 때문이다.

4장에서 상세하게 설명하겠지만, 이 방법은 뇌를 움직이는 2대 시스템인 '집중계'와 '분산계' 중 분산계와 연관되어 있다.

집중계는 과제나 목적을 이루기 위해 집중하여 작업하고 있을 때 활성화되는 뇌의 네트워크이며, 반대로 분산계는 집중하고 있을 때 억제된다. 분산계는 과거의 기억을 토대로 뇌가 작동할 때 활성화되고, 새로운 정보는 취급하지 않는다는 특징이 있다. 기분이 가라앉게 되면 이 분산계가 활성화된다.

분산계가 활성화되면 신생 뉴런을 감소시키고, 피하고 싶은 현실을 기억으로 남기기 어려워진다. 여기서 주의해야 할 점은 우울한 감정을 받아들임으로써 싫은 기억을 잊을 수 있다면 효과적이지만, '그 사건 자체'를 상세하게 떠올리게 되면 오히려 역효과가 날 수 있다는 점이다. 앞에서도 언급했던 리허설 효과로 인해 그 기억은 대뇌 피질에 옮겨가게 되고, 장기 기억으로 저장하기 쉬워지기 때문이다.

기억으로 저장하기 어렵게 만든 뒤에는 그 기억을 능동적으로 지우는 것을 목표로 삼아야 한다.

새로운 지식이나 경험을 탐욕스럽게 흡수하는 것도 부정적인 기억을 잊는 데 효과적인 방법이다. 새로운 일을 경험하면 뇌의 내부를 떠도는 화학 물질인 도파민이 풍부하게 분비되고, 도파민이 즐거움으로 연결되면서 해마를 작동하게 하여 신생 뉴런 증가를 촉진한다. 이러한 작용으로 인해 경험은 새로운 기억으로 활발하게 저장되고, 반대로 그 전에 일어난 부정적인 기억은 소거된다.

부정적인 기억을 잊기 위해서는 새로운 일에 호기심과 설렘을 갖고 도전해야 한다.

도전이라고 해서 꼭 특별한 일이어야만 하는 것은 아니다. 일상에서 가능한 일, 예를 들면 '새로운 식당을 발견하면 가 본다', '서점에 가서 지금까지 읽어 본 적 없는 장르의 책을 구매해 읽기를 도전한다'와 같은 일들로도 충분하다. 작은 설렘이 기억을 저장하기 쉽게 만들고, 나쁜 기억이나 잊고 싶은 기억을 감소시키는 선순환을 구축하게 된다.

기쁨의
기억

지금까지 정동을 일으킨 기억은 잊기 어렵다는 점을 설명해 왔다. 그렇다면 공포나 불안과는 대척점에 있는 '기쁨의 기억'은 뇌 안에서 어떻게 보존되는 걸까? 그 중심이 되는 것이 '정보계'라고 불리는 시스템이다. 뉴런이 모여 있는 측좌핵은 전두전야 가까이에 자리 잡고 있는데, 특정 행동으로 인해 뇌의 뉴런에서 분비된 도파민이 측좌핵에 도달하면 쾌감이 생겨나고 그 행동을 멈출 수 없게 된다(그림 9).

이는 쥐의 뇌 심부에 전극을 이식해 자극하는 실험을 통해 밝혀졌다. 이 실험에서는 생쥐의 뇌간 도파민을 분비

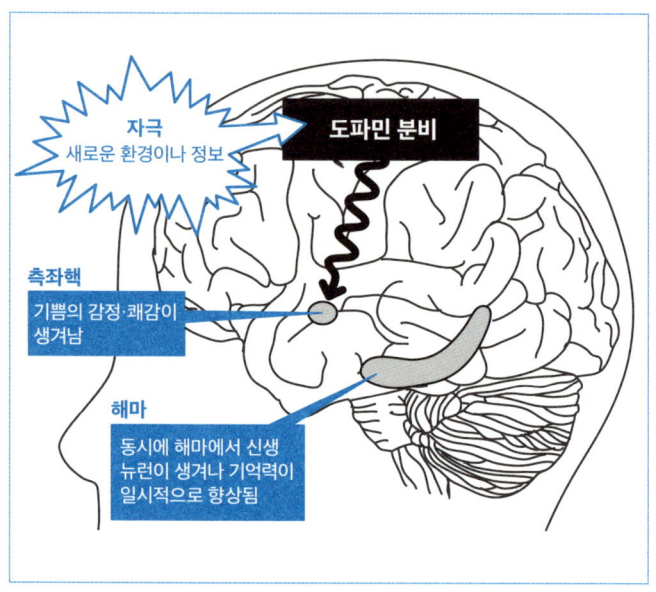

그림 9 | 기쁨의 발생 과정과 기억에 미치는 영향

하는 세포가 모인 부위에 전극을 심어서 생쥐가 실험용 버튼을 누르면 전기가 흐르도록 설계했다. 이 전류가 측좌핵이 위치한 전두전야 주변 신경 섬유를 지나는 길에 자극을 주면, 생쥐는 전기 자극을 느끼기 직전에 취했던 '버튼을 누르는' 행동을 멈출 수 없게 된다.

이 행동이 쾌감을 수반한다는 것은 사람을 대상으로

한 다른 연구 결과에서도 확인되었으며, 쾌감이 행동의 원동력이 된다는 것을 입증했다.

쾌감과 보수에 관련된 부위인 측좌핵은 전뇌에 위치하는데, 이는 '무언가를 욕망'할 때 활성화된다. '욕망'이 충족될 때 도파민이 나오고, 측좌핵이 그것을 느끼면 쾌감이 된다. 즉 측좌핵 주변 뇌 영역이 활성화되면 쾌감이나 기쁨의 감정이 생겨나는 것이다.

도파민 효과로 인해 무언가를 욕망하게 되고, 그것이 충족되면 기쁨이 생겨난다. 이 도파민을 방출하는 뉴런은 사실 해마에도 풍부한 신경 섬유를 뻗고 있다. 그 자극으로 인해 해마에서 신생 뉴런이 증가한다는 것도 잘 알려진 사실이다. 즉 기쁨을 동반하는 경험 역시 기억으로 저장하기 쉬운 것이다. 쾌감을 느꼈던 사건이나 욕구가 충족된 경험 같은 것들을 명확히 기억하게 되고, 몇 번이고 이를 다시 맛볼 수 있도록 진화해 가고 있다.

기쁨의 감정으로 인해 새로운 기억이 생겨나기 쉬운 것

만큼이나 신생 뉴런으로 인해 '능동적 망각'이 발생하고, 해마에서 일시적으로 보존하던 '사용 빈도가 낮은 애매한 단기 기억'은 소거된다. 필요 없는 기억을 망각하는 것과 새로운 기억을 저장하는 것은 종이 한 장 차이다. 기쁨을 동반하는 경험은 미래를 살아가기 위한 기억을 저장하는 데에도 꼭 필요하다고 할 수 있다.

여기서 중요한 키워드는 '새로움'이다. 새로운 환경이나 신선한 정보를 접했을 때 뇌에서 도파민이 분비되고, 그 도파민이 측좌핵에 도달하면 쾌감으로 기억된다. 왜 새로운 것을 접할 때 기쁨을 느끼게 될까? 본디 생물은 살아가기 위해, 자손을 남기기 위해 새로운 환경을 찾아야만 하기 때문이다. 자연환경에서 식량은 항상 부족하기 쉬우므로 새로운 환경을 찾아 활로를 개척하지 않으면 생존이 어려워진다. 그렇게 되면 결국 그 종은 번영하기 힘들어질 것이다. 식량이 풍부하고, 정보도 많이 얻을 수 있는 현대 사회에서도 이 기본적인 성질은 바뀌지 않는다.

그렇다면 '새로운 환경이나 정보로 인해 도파민이 생성

된다'라고 간단하게 말했지만, 정작 쾌감을 생성하는 부위인 측좌핵은 어느 정도 반응하는 걸까? 반응의 정도는 개인차가 있으며, 같은 일을 경험해도 '재미있다', '즐겁다', '기쁘다'라고 느끼는 사람도 있지만, 의외로 정반대의 감정을 느끼는 사람도 있다. 그리고 당연하게도 모든 경험을 '재미있다'라고 느끼는 사람과 그렇지 않은 사람은 인생에서 느낄 수 있는 기쁨의 총량이 크게 달라질 것이다.

이 같은 차이가 생겨나는 이유는 뇌 내에 도파민 생성 세포나 그 수용체가 얼마만큼 있는지, 제대로 된 신경 회로가 어느 정도로 만들어져 있는지에 따라 기쁨을 느끼는 방법이 달라지기 때문이다. 이러한 기쁨을 느끼는 방법을 크게 좌우하는 것은 3세까지 회로가 완성되는 '정동 기억'이다. '세 살 버릇 여든까지 간다'라는 속담이 있듯이 적어도 정동에 대해서만큼은 유년기를 어떻게 보냈는지가 매우 중요하다.

고령자는
좋은 기억을
저장하기 쉽다

 지금까지 화나 불안을 불러일으키는 사건이나 기쁨을 불러일으키는 사건은 모두 기억에 남기 쉽다고 설명해 왔다. 이런 사건들은 둘 다 정동을 일으키는 일이기는 하지만 그 방향성이 정반대인 만큼, 부정적인 기억과 기쁜 기억 중 과연 어느 쪽이 사람에게 우세한지도 궁금해진다.

 이런 일이야말로 조금 전에 설명했던 기쁨을 느끼는 신경 회로나 정동 기억에는 개인차가 큰 영향을 준다. 젊은 이들에게는 부정적인 기억, 공포나 화와 관련된 기억이 저장되기 쉬운 데 반해, 고령자에게는 기쁜 기억이 쉽게 저장된다는 점은 널리 알려진 사실이다.

이를 뇌 과학 분야에서는 '긍정 효과'라고 한다.

일상적인 진료 중에도 이러한 점을 실감하곤 한다. 보편적 증상인 두통을 진료할 때 자주 일어나는 일로 예를 들어 보겠다. MRI 같은 정밀 검사를 하고 나서 환자에게 결과를 설명하다 보면 아주 흥미로운 경향을 관찰할 수 있다. "뇌에는 아무 이상이 없고, 아주 깨끗합니다."라고 말하면, 젊은 환자 중에는 "그렇다면 두통의 원인은 도대체 뭘까요?"라며 불안한 듯 질문하는 사람이 많다. 그러나 대부분의 고령 환자는 "아, 다행이네요!"라며 순수하게 기뻐한다. 물론 이 역시 개인차가 큰 데다 반드시 그런 것은 아니지만 확실히 그런 경향이 눈에 띈다.

젊은 시절에는 앞으로 살아가야 할 시간이 긴 만큼 나를 둘러싼 환경을 알기 위한 탐험과 배움을 삶의 주요 주제로 삼고, 위험을 회피하면서 생명을 유지하는 방법, 곤경을 뛰어넘는 기술이나 지식을 배우기를 중요하게 여긴다. 당연하게도 나쁜 징조나 위험한 조짐을 재빨리 알아채고 대처하는 태도가 생존 확률을 높이기 때문이다.

한편, 고령자들은 먼 미래를 생각할 필요가 줄어들고 짧은 시간 축 안에서 답을 찾을 수 있는 목표를 세우게 된다. 따라서 위험을 회피하기 위한 '나쁜 정보'나 '위험한 징후'를 주목할 필요성은 줄어드는 것이다.

나쁜 정보에 주목하지 않는 또 다른 요인은 나이가 들수록 뇌가 진화하기 때문이다. 1장에서도 설명했던 것처럼, 나이가 들면서 경험치가 늘어나기 때문에 정동을 일으키지 않고도 '나쁜 정보'에 대처할 수 있게 된다. 이러한 점이 사물을 인식하는 방법에 적지 않은 영향을 미칠 수 있다.

나쁜 정보는 주목도가 낮아져 좋은 정보만을 받아들이게 되면 혹여나 여러 가지 위험이 증가하는 것은 아닌지 걱정하는 사람도 있을 것이다. 그러나 고령자는 무언가를 목표로 삼으면 무의식적으로 그 목표와 관련된 '나쁜 정보'를 주목하고, 위험을 회피하려는 경향이 있으므로 걱정하지 않아도 된다.

고령자의 뇌는 나이가 들면서 일화 기억을 상기하기는

어려워져도, 무의식중에 축적된 많은 의미 기억이 적절한 판단을 내리는 데 도움을 준다. 몇 살이 되건 뇌는 계속해서 진화한다고 할 수 있다.

기억은
현재의 나를
비추는 거울

 나는 '기억을 떠올리는 주체는 현재의 나'라는 사실이 가장 중요하다고 생각한다. 사람은 기분이 좋을 때 즐거운 기억을 떠올리기 쉽고, 슬플 때 슬픈 기억을 떠올리기 쉬운 경향이 있다. 또 우울증을 겪는 사람은 힘든 기억을 떠올리기 쉽다. 기분에 따라 떠올리는 기억의 종류가 달라지는 것이다.

 또한 기분은 '떠올리는 기억의 종류'뿐만 아니라, '기억 저장 난이도'에도 영향을 미친다. 즐거울 때는 즐거운 일이 기억에 남기 쉽고, 힘들 때는 힘든 일이 기억에 남기 쉽다는 점은 잘 알려져 있다.

즉 지금 내 기분을 조절할 수 있다면 기억을 내 편으로 삼기 쉬워진다. 지금의 기분을 바꾸는 데 가장 중요한 부분은 '미래 지향적인지, 그렇지 않은지'다. 미래 지향적인 성격의 소유자는 나쁜 일이 생겨도 미래를 위한 교훈으로 삼으려 한다. '지금이 가장 나쁜 상황이야.'라고 생각하는 사람이라도, 나쁜 일에서 무엇을 배워야 할지에 의식을 집중하고 미래에 도움이 될 배움의 기회로 삼을 수 있다면 기분은 한결 좋아질 것이다.

똑같이 나쁜 일을 겪었다고 해도 모든 일을 부정적으로만 받아들일지, 작은 부분이라도 긍정적으로 받아들일지에 따라 기억 저장 방법이 전혀 달라질 것이다.

또한 정동을 일으키는 기억은 잊기 어렵다고 하지만, 정동은 마치 태풍과도 같아서 정동 반응을 깨닫자마자 사라지기도 하고 금세 변하기도 한다. 그리고 뇌의 편도체는 위험을 회피하기 위해 빠르게 과잉 반응하도록 설계되어 있으므로, 정동을 액면 그대로 믿지 않는 편이 낫다. 나쁜 일을 겪었다면 일단 안정을 취한 뒤 새로운 마음가짐과 긍정적인 시선으로 그 사건을 바라보자. 미래의 나에게 긍정적으로 작용할 수 있도록 후회되는 과거도 제대로 정리하고, 거기서 지혜나 교훈을 찾아내려고 노력하자.

지금까지 설명했듯이 기억은 매우 유연하다. 기억은 항상 자극을 통해 저장되는 만큼, 미래 지향적인 태도를 견지하며 그 사건에 새로운 의미를 부여할 만한 자극을 줘야 한다.

진실은 '기억'에만 있는 것이 아니라, 그것을 되돌아보는 '현재의 내 기분 속'에 있다고 해도 좋다. 과거를 후회하는 나 자신도 점차 과거가 되어 간다. 부정적인 기억도 포함하여 어떤 기억이건 반드시 시간이 지나면 희미해진다. 어쩌면 뾰족한 가시가 뽑힌 채 엷은 포장지로 포장된 아름다운 장미처럼 미화될 수도 있다.

이는 어떤 이유 때문일까? 그 기억과 관련된 단백질은 반드시 붕괴하기 때문이다. 혹시나 반대로 시간이 지날수록 기억이 강렬해지는 시스템이었다면 항상 부정적인 자극을 전달하게 되므로, 아무도 인생을 긍정적으로 살지 못할 것이다.

기억, 그중에서도 일화 기억은 '새겨지는' 것이 아니라, '흘러간다'라고 생각하면 이해하기 쉽다. '시간이 약'이라는 옛말처럼 아무리 부정적인 기억이나 고통스러운 기억도 결국은 흘러간다. 잊으려고 과도하게 노력하면 오히려 그 회로를 항상 자극하게 되어 역효과가 나게 된다.

부정적인 기억은 굳이 잊으려 하기보다 그 사건 그대로를 받아들이고, 미래 지향적으로 해석함으로써 '내버려 두는 것'이 가장 좋다. 방치하면 회로에 자극이 흐르지 않게 되고, 그 기억을 유지하는 데 필요한 단백질도 점차 붕괴해 갈 것이기 때문이다.

4장

뇌와 신체는 함께 움직인다

뇌 또한 몸의 일부

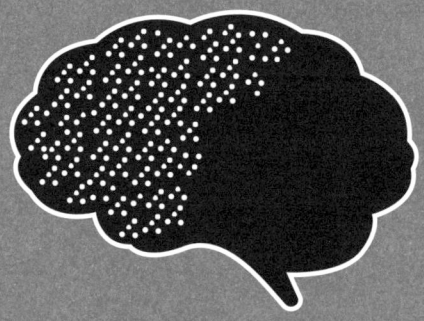

뇌의 움직임은 크게 두 가지 시스템으로 나뉜다

기억은 대뇌 피질에 축적된다고 설명했지만, 여기서 몇 가지 의문이 피어오른다. 축적된 기억의 '출입'은 어떻게 관리하는 걸까? 그리고 축적할 때는 기억 간 연관성을 고려하는 걸까? 뇌에 대해서는 아직 밝혀지지 않은 부분이 많은 만큼, 이러한 의문에 완벽하게 답하기 어려운 것이 현실이다.

하지만 앞서 설명한 두 가지 시스템인 '집중계'와 '분산계'를 살펴보면, 이러한 질문에 대한 힌트를 얻을 수 있다.

뇌 과학에서는 '기능적 자기 공명 장치fMRI'라고 하는

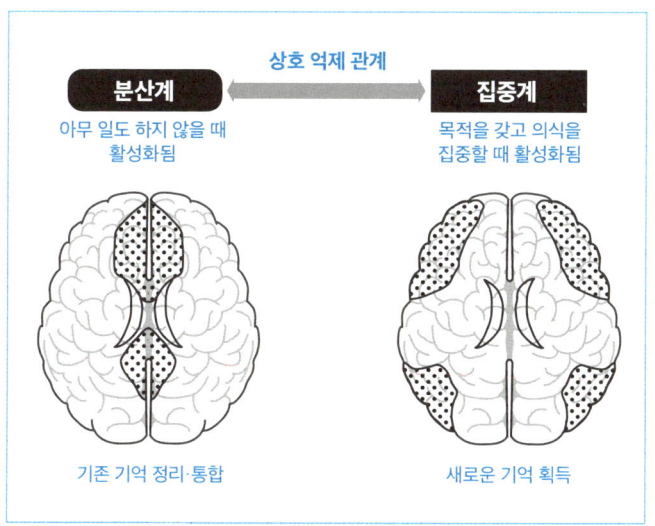

그림 10 │ 뇌와 기억을 담당하는 '2대 시스템'

뇌 기능 분석법을 통해 손발을 움직이지 않고 사물의 이름을 답하는 등의 여러 가지 활동을 할 때 각각 뇌의 어느 부위를 사용하는지를 알아보았다. 해석 결과, 뇌는 크게 '집중계'와 '분산계'라는 두 가지 시스템으로 나뉘며, 뇌의 사용 방법에 따라 둘 중 하나의 시스템을 사용한다는 점이 밝혀졌다(그림 10).

뇌의 2대 시스템 중 하나인 '집중계'는 다양한 과제나 목적을 위해 의식을 집중할 때 활성화되는 뇌 영역으로, 전두엽과 두정엽 바깥 부분의 대뇌 피질에 위치하는 '중앙 처리 네트워크Central Executive Network'라고 불린다. 이 영역은 어떤 일을 하려고 할 때 의식적으로 행동하면 반드시 활성화된다.

다만, 뇌에는 이 '집중계'를 뛰어넘어 가장 많은 영역을 차지하는 네트워크가 있다. 바로 2대 시스템 중 나머지 하나인 '분산계'다. 이 영역은 어떤 목적을 갖고 활동할 때 억제되는 영역으로, 집중계가 활성화되어 있을 때 활동이 억제된다. 이 '분산계'는 아무 일도 하지 않고 멍하니 있을 때 특히 활성화된다. '분산계'라는 표현은 내가 독자적으로 붙였는데, '집중하지 않는다'라는 의미에서 그렇게 부른다.

뭔가에 집중하여 과제를 수행하고 있을 때 항상 억제되는 부위가 분산계이며, 집중계와 분산계는 서로 억제하는 관계다. 집중계가 활성화되면 분산계가 억제되고, 분산계가 활성화되면 집중계가 억제되기 때문에, 이 둘의 관계는 표리

일체라고 할 만큼 아주 밀접하다. 즉 '항상 연계되어 작동한다'라고도 볼 수 있겠다.

분산계는 '멍하니 있을 때 활성화'된다는 이야기를 듣고 '별거 없네'라고 생각했다면 큰 착각이다. 분산계는 특정 과제에 대해 뇌의 일부만을 사용하는 집중계와 달리, 대뇌 대부분을 균등하게 활성화하는 시스템이다.

무의식중에 뇌가 중요한 움직임을 취하고 있다는 사실은 뇌의 소비 에너지양을 통해 확인할 수 있다. 뇌는 멍하니 있을 때도 몸 전체 에너지의 20% 정도를 소비하며, 무엇인가 목적을 가지고 활동할 때는 겨우 5% 상승하는 정도에 그친다. 즉 멍하니 있어서 분산계가 활성화될 때도 뇌는 방대한 에너지를 사용하고 있다는 것이다.

그리고 최근에는 이 분산계가 기억을 정리·통합하고 있다는 사실이 밝혀졌다. 기억은 광범위한 대뇌에 존재하기에, 그 출입을 적절하게 관리하기 위해서는 광범위한 대뇌가 커버할 대규모 네트워크가 필요하다. 분산계는 이처럼 광범위한 대뇌의 기억을 관리한다.

우리가 아무 일도 하지 않을 때 활성화되는 분산계가 작동하여 기억 간의 관련성을 조정하고 있다. 즉 분산계는 과거의 기억을 통합하고, 현재의 자신과 정합성을 만들어 내는 부위라고 해도 좋다. '기억에 관련된 나의 역사'를 재편하는 부위라고 표현하면 더욱 이해하기 쉬울지도 모르겠다.

그리고 주로 밤에 잘 때 분산계가 주도하는 기억의 정리와 재편 활동이 일어난다. 즉 분산계는 대부분 무의식중에 작동한다.

분산계가
뇌를 일체화한다

기억을 안정적으로 보존하기 위해서는 분산계가 광범위한 대뇌 피질에 작동해야 한다. 여기서는 기억을 잘 관리하기 위해 '뇌 전체의 작동 방법'이 중요하다는 점을 꼭 강조하고 싶다. 그리고 의외라고 생각할지도 모르겠지만, 뇌 전체가 상호 협조하여 잘 작동하기 위해서는 신체와도 연대해야 한다.

이 장에서는 건강한 뇌의 기능을 이해하기 위해 광범위한 뇌의 내부 네트워크나 뇌와 신체의 공동 작업을 살펴보자.

뇌에는 광범위한 대뇌 피질 영역을 연결하기 위해 대규모 네트워크가 존재하고 있으며, '집중계'와 '분산계'라는 두 가지 시스템으로 나뉜다는 점은 이미 앞에서 설명했다.

이 분산계의 중심이 되는 네트워크는 디폴트 모드 네트워크Default Mode Network로, 전문용어로는 전두전야 내측부, 후대 상피질, 설전부, 하두정 소엽 등으로 구성된 뇌 영역이다. 집중계가 비교적 세세하게 기능별로 뇌 영역을 연결하는 반면, 분산계는 뇌 중심부를 흐르는 '큰 강' 같은 이미지에 가깝다.

분산계 네트워크의 이름인 디폴트 모드 네트워크에 포함된 디폴트Default라는 단어에는 '불이행Non-performance'이라는 의미가 있는 만큼, '아무 일도 하지 않는 네트워크'라는 불명예스러운 이름처럼 보일 수도 있지만, '언제나처럼'이라는 의미도 있다. 이 부분은 무언가에 집중하여 특정 뇌 영역을 활성화할 때를 제외하면 언제나 작동하므로, 뇌 기능의 배경에 존재하는 '가장 근원적인 네트워크'라고 해도 좋겠다.

기억은 대뇌 피질의 다양한 부위에 저장되어 있으므로, 이러한 기억을 적절한 위치에 보존하고 적절하게 꺼내 쓰기 위해서는 커다란 네트워크가 필요하다. 비슷한 기억이 다른 장소에 보관되어 있다면 꺼내 쓸 때 불편하기도 하고 혼란을 초래할 수도 있다. 또한 필요할 때 그 기억이 어디 있는지 몰라서 곤혹스러울 수도 있다.

디폴트 모드 네트워크의 작동에 대해서는 아직 연구 중인 만큼 모든 사실이 밝혀진 것은 아니지만, 기억을 적절한 장소에 저장하고 효율성 있게 떠올리는 데 중요한 작용을 한다고 알려져 있다.

이처럼 과거에 획득한 기억을 저장하고 재편함으로써 자기분석이나 내적인 정신 활동처럼 자신의 자아를 확립하는 데 중요한 역할을 한다. 또한 정리된 과거의 기억을 바탕으로 미래를 예상하거나, 상상할 수 있게 한다. 분산계는 그야말로 기억의 중추이자 사람이 고도의 활동을 하는 데 꼭 필요한 시스템이다.

무의식중에 존재하는
많은 기억

 디폴트 모드 네트워크를 중심으로 한 분산계가 작동하여 기억을 정리하고 재편한다고 해도, 알파벳순이나 일자순처럼 질서정연하게 정리하고 보존될 리가 없다. 이 점은 의미 기반으로 되살아나는 기억이 그날의 기분이나 상태에 따라 다르고, 제멋대로 떠오른다는 점만 봐도 알 수 있다.

 내 사례를 들어 보면 책상에 앉아 학회에서 발표할 내용을 떠올리거나 논문에 꼭 들어가야 할 중요 문장 하나를 생각하려 할 때 일단 한 번 생각이 떠오르지 않으면 아무리 쥐어짜 내도 떠오르지 않는다. 결국은 포기하고 자전거를 타거나, 목욕을 하다 보면 갑자기 '맞아, 이거였지!'라고 할 정도로 좋은 생각이 떠오르곤 한다. 그럴 때는 잊지 않으려고 빠른 속도로 자전거를 타고 집에 돌아오거나, 목욕하다 말고 뛰어나와 나체인 채로 메모를 하고는 한다.

결국, 기억은 광범위한 대뇌 피질에 보존되어 있지만 대부분 의식하지 못한다.

오랜 시간 동안 노력한 일을 통해 얻은 경험만이 아니라, 어느 순간 아무 생각 없이 바라봤던 풍경이나 누군가와 나눴던 대화 중에 나온 별 의미 없는 한 마디, 책에서 읽고 대충 상상해 봤던 내용 등도 그렇다. 이런 기억들은 일상에서 기억으로 의식되지는 않아도 어느 순간 갑작스레 연결되어 구체적인 형상으로 의식 위로 모습을 드러내기도 한다. 이처럼 의식하지 못했던 많은 정보가 분산계의 작동으로 인해 연결되고, 생각지도 못한 형태로 의식 중에 나타난다. 그리고 분산계로 인해 나타난 기억은 언어로 의식되지는 못해도, 무의식중에 의사 결정을 내리는 데 영향을 미친다.

그렇다고 해서 새로운 생각을 할 때 분산계가 작동하지 않아도 된다는 의미는 아니다. 번뜩이는 아이디어를 만들어 내려면 미리 집중계를 사용하여 철저하게 생각해 봐야 한다. 집중계와 분산계는 항상 서로를 억제하고 있으며, 양자가 긴밀하게 연대하고 있으므로 균형 있게 사용해야 한다. 생각하기 전에 눈앞에 있는 일에 몰입하여 집중계를 사용하는 행동은 분산계를 작동시켜 무언가를 떠올리기 위한 중요한 준비 운동이 된다.

그런 다음에도 벽에 부딪힌다면 우선 한 걸음 물러서기를 추천한다. 다른 행동을 해 보거나(때로는 게임 같은 것도 좋다) 운동이나 산책, 여행을 가는 것도 좋다. 일단 그 일에서 벗어나는 게 중요하다. 집중하여 생각할 때는 특정 신경 회로가 중점적으로 작동하므로, 무언가 중요한 힌트가 숨겨져 있을 수도 있는 다른 회로가 억제되기 때문이다.

도중에 막힐 때는 일단 열을 식히고, 침착한 상태로 돌아가 다시 한번 정보를 맞춰 보자. 나 같은 경우에는 학회에서 다른 사람의 이야기를 듣는 방법이 효과적이었다. 어두운 학회장에서 멍하니 이야기를 듣다 보면, 이상하게도 이런저런 발상이 떠오른다. 아마 그 시간에 분산계가 활발하게 작동했기 때문인 듯하다. 지금은 코로나19의 영향으로 온라인 학회가 늘어나 필요한 정보만 얻어 가려는 경향이 높다. 시간을 사용하는 방법으로는 효율적일 수도 있지만, 그런 학회에서 새로운 발상을 그다지 얻지 못했던 것이 과연 우연일까?

'밀어서 안 되면 당겨 봐라'라는 말처럼 긴장과 완화, 집중과 분산처럼 균형 있게 행동하지 않으면 뇌가 가진 가능성을 충분히 발휘할 수 없는 것은 아닐까?

많은 뉴런을 동시에 움직이는 또 하나의 시스템

지금까지 광범위한 뉴런을 동시에 움직이는 대규모 네트워크가 있다는 점을 설명해 왔지만, 실제로는 많은 뉴런을 동시에 움직이는 시스템이 하나 더 있다. 그것이 조절계의 '신경 전달 물질'이라고 불리는 그룹의 움직임이다. 요즘에야 다양한 방면에서 노르아드레날린이나 도파민, 세로토닌과 같은 명칭을 눈에 담을 기회가 많아졌다. 앞에서 새로운 정보를 접할 때 도파민이 풍부하게 분비되고, 해마의 시냅스에 변화를 일으키며, 기억의 생성과 소실에 커다란 영향을 미친다는 사실을 설명했는데, 이 역시 신경 전달 물질의 움직임 중 하나의 사례에 불과하다.

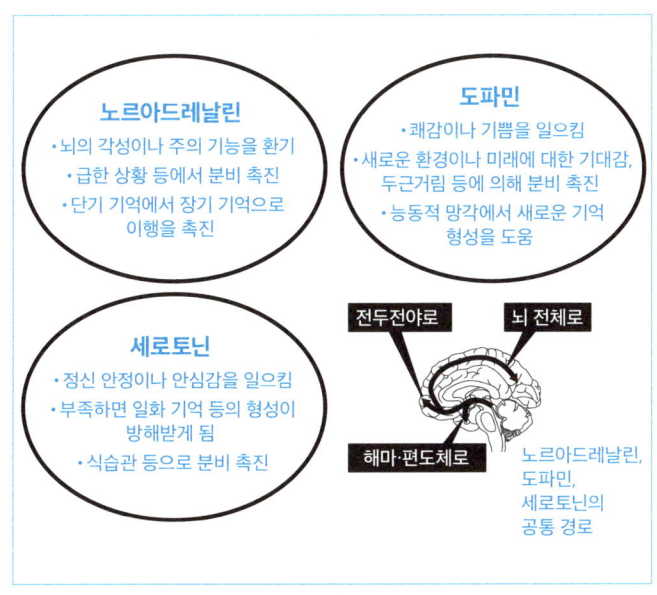

그림 11 | 세 종류의 신경 전달 물질

뇌는 이러한 화학 물질을 잘 사용함으로써 뇌 움직임을 전체적으로 조절하고, 기억을 제어한다.

노르아드레날린, 도파민, 세로토닌 이 세 가지 신경 전달 물질은 모노아민류로, 이를 만들어 내는 뉴런은 광범위한 대뇌 피질의 뉴런에 작용하여, 그 활동 정도를 조절한다.

신경 전달 물질을 만드는 뉴런은 특히 전두전야라고 불리는 전두엽 부분에 광범위하게 분포되어 있으며, 의식 수준이나 의욕 여부 같은 기분의 변화를 만들어 낸다.

그리고 이 같은 뇌 내 화학 물질의 작용은 단순히 물질이 뇌 내에 퍼져나가는 것뿐만이 아니라, 앞서 소개한 신경 아교 세포의 한 종류인 '별 아교 세포'가 가진 풍부한 네트워크의 도움을 받아 더 빠르고, 더 광범위한 영향을 미친다. 즉 노르아드레날린이나 도파민 등의 신경 전달 물질과 더불어, 별 아교 세포가 작용함으로써 광범위한 신경 활동을 조절하고 있다고 해도 좋을 정도다.

다음 챕터에서는 조절계 신경 전달 물질의 작용을 따로 살펴보자.

뇌를 각성시키는
노르아드레날린

감각 기관에서 정보를 받는 시상 하부라고 불리는 영역은 '뇌간 청반핵$^{Locus\ ceruleus}$'이라는 부위를 자극하여 노르아드레날린 분비를 촉진한다. 노르아드레날린은 뇌의 각성 상태를 유지하기 위해 분비되는 물질로, 대뇌 피질 전체에 항상 일정한 신호를 보내어 각성을 유지하고, 환경을 주의하게끔 환기하는 역할을 한다.

기본적으로 이 노르아드레날린의 분비와 작용은 개인별 생체 리듬이 있는 것으로 보이며, 수면이나 각성 사이클과도 관련이 있다.

노르아드레날린은 각성 시 항상 일정량이 분비되지만, 때로는 한 번에 대량 분비되기도 한다. 노르아드레날린 분비가 증가하는 상황은 구체적으로 어떤 상황일까?

주로 '미래를 위해 명확한 목적을 가지고 집중적으로 일을 수행할 때', '흥미 있는 일을 적극적으로 할 때', '새로운 환경에 호기심을 가질 때' 분비가 촉진된다. 무언가 중요한 일을 할 때 많은 사람이 "아드레날린이 넘쳐흐른다!"라고 표현한다. 아드레날린과 노르아드레날린은 비슷한 화학 물질로, 뇌가 '여기가 최고다!'라고 판단했을 때 분비되어 뇌 전체를 집중계 작동 모드로 만든다.

그리고 노르아드레날린은 특히 전두전야의 시냅스가 활동하게 하는 효과가 있다. 노르아드레날린으로 인해 활성화된 전두전야는 '여러 가지 정보를 분석하여 결단을 내리거나', '자기 욕망을 억제하거나', '자발적으로 행동하는' 것처럼 자기 행동이나 감정을 의식적으로 제어하기 위한 중핵이며 이성적 행동을 하게끔 유도한다.

이처럼 기억과 노르아드레날린의 관계는 중요하다. 앞에서 새로운 환경에 흥미가 생겨 분비된 노르아드레날린은 기억 형성에 필요한 '시냅스 가소성'에 영향을 미친다는 점을 이야기했다. 기억과 관련된 많은 뉴런에 작용하여, 그 뉴런들의 전달효율을 높이거나 낮추는 역할을 한다.

특히 해마에는 노르아드레날린을 만드는 뉴런이 많이 포함되어 있는데, 노르아드레날린이 분비되면 단기 기억에서 장기 기억으로 이행하도록 촉진한다.

노르아드레날린이 장기 기억으로 이행하도록 촉진하는 것을 보여 주는 한 사례로, 쥐를 이용한 실험이 있다. 쥐 우리에 쳇바퀴 놀이기구와 자연계를 본뜬 장난감을 넣어 두면, 그저 아무것도 없는 우리에서 사육할 때보다 기억이 장기간 보존되고, 노화나 질병에 의한 기억력 감퇴도 억제할 수 있었다. 이 작용은 노르아드레날린의 움직임을 억제하면 상실되었다.

또한 단기 기억이 장기 기억으로 이행할 때 해마의 별아교 세포가 중요한 역할을 한다는 점도 1장에서 설명했다.

노르아드레날린을 수용하면 별 아교 세포의 움직임이 활발해지고, 단백질 합성을 변화시켜 장기 기억을 만들어 내게 된다.

결국 새로운 일에 설레는 호기심과 목적 달성을 향한 의지가 노르아드레날린의 분비를 촉진할 뿐만 아니라, 기억으로 저장되게끔 촉진한다.

노르아드레날린은 환경 변화에 대해 즉각적으로 적절한 대응이 필요한 순간에 특히 많이 분비된다. 쉽게 말하면, 위험이 임박한 상황에서 공포나 화 같은 정동을 일으킬 때다. 이처럼 처한 상황에 따라서는 한 번에 많은 양의 노르아드레날린이 분비되어 '집중계' 작동을 자극하게 된다. 동시에 휴식 상태에서 주로 활성화되는 '분산계'는 억제된다.

이는 천적이 많은 자연계에서 살아남는 데 필요한, 위기 대응을 위한 주의 기능이다. 예컨대 오늘날에도 어두운 밤길을 걷다가 수상한 그림자가 가까이 다가오거나, 회의 중에 갑자기 호명되었을 때 이 기능이 작동하여 성과를 높여 줄 수 있다. 피곤했는데 나도 모르게 젖 먹던 힘을 다해 뛰었다거나, 새로운 의견을 술술 뱉어 낸 적이 있을 것이다. 이 같은 경험은 취향과 관계없이 반드시 기억에 남게 된다.

나 같은 뇌신경외과 의사가 수술할 때도 노르아드레날린은 꼭 필요하다. 우리 뇌신경외과 의사들이 가장 위험을 느끼는 순간이 뇌 하부에 중상을 입었을 때와 정상 부위의 경계를 박리하는 도중 출혈이 날 때다.

애당초 수술이란 것이 치료를 위해 환자를 생과 사의 문턱으로 데려가는 행위인 만큼 수술하는 사람은 고도로 집중해야만 한다. 예측하지 못한 사태가 일어나지 않도록 세심하게 주의를 기울여 수술에 집중하는 것은 물론이고, 자신의 감각을 갈고 닦아 과거의 경험치를 모두 꺼내 쓸 수 있도록 준비해야 한다. 그러나 그런 와중에도 돌발 상황이 벌어진다. 그럴 때는 노르아드레날린의 농도를 한층 끌어올려, 한 단계 높은 수준으로 고도의 직관력을 발휘할 수 있어야 한다.

다만 노르아드레날린 분비는 장기간에 걸쳐 세포에 독성을 갖게 하므로, 뉴런이나 신경 아교 세포를 소멸할 수 있다는 점에 주의해야 한다. 사람의 지적 활동에 필수라고 할 수 있는 노르아드레날린이 장기적으로 분비되면 세포를 상처입히고 뇌 노화를 가속한다는 것이다.

생명체에게 매우 중요한 물질이고 세포에 미치는 영향도 크기 때문에 때에 따라서는 아주 부정적인 효과를 낼 수도 있다. 그야말로 '양날의 검'이다. 강력한 효과를 발휘하는 만큼, 잠시라도 균형이 무너지면 우리는 상처를 입게 된다.

그러나 생각해 보면 노르아드레날린뿐만 아니라 생체 내에서 작용하는 물질 대부분이 과잉 공급되면 독성을 띤다. 식사할 때 영양소를 골고루 섭취하듯 적당한 균형이 중요하다.

노르아드레날린은 '집중계'를 활성화하는 한편, '분산계'를 직접 억제하는 성질도 있다. 노르아드레날린이 약도 되고 독도 된다는 점에서도 집중계와 분산계의 균형이 얼마나 중요하며, 뇌를 사용할 때 어느 한쪽으로 편향되는 일이 없도록 해야 한다는 점을 알 수 있다.

그러나 이 노르아드레날린의 활동도 밤새 수면을 할 때는 진정되므로, 수면은 피곤함을 가시게 한다는 의미를 넘어 뇌를 지키기 위해서도 꼭 필요하다.

설렘을 느끼게 하는 도파민

도파민 역시 새로운 경험을 앞두고 설렘을 느낄 때 분비된다. 노르아드레날린처럼 즐겁고 불쾌한 환경을 모두 대응하기 위해 뇌의 활동도를 높인다기보다, 새로운 활동이나 미래에 대한 기대감으로 가슴이 설렐 때 분비된다. 예를 들어 '초등학생이 소풍 전날 흥분해서 잠을 못 잘 때' 아주 많이 분비되는 물질이라고 생각하면 이해하기 쉽다. 소풍 말고도 누구나 기대감으로 설레어 진정하지 못했던 적이 있을 것이다.

이 도파민은 거의 가슴 중앙에 있는 '복측 피개 영역'에서 만들어지며, 쾌감을 초래하는 경로인 '보상계'를 자극하여 뇌의 작동 방법이나 행동에 강한 영향을 미친다.

그리고 도파민 계열의 뉴런도 노르아드레날린처럼 전두전야나 편도체, 해마나 대뇌 심부에 있는 '측좌핵'이라는 광범위한 뇌 영역에 네트워크를 만든다. 이러한 부위에 도파민이 분비되면 각성도가 높아짐과 동시에 쾌감이 생겨난다. 특히 측좌핵에 도파민이 도달하면 그 원인이 되는 행동을 쾌감으로 기억하여, 그 행동을 멈출 수 없게 된다.

우리 조상들은 식량이나 자원이 항상 부족한 세상에서 살았기 때문에 사람에게는 '새로운 정보'나 '새로운 환경'을 찾아 헤매는 본능이 각인되어 있다. 이 같은 욕구는 식량을 구할 가능성을 키우고, 이성과 만날 확률을 높여 주었다. 이러한 생존 전략을 취해 왔던 만큼, 쾌감을 불러일으키는 정보계를 활성화하고자 항상 새로운 흥미 대상을 탐색하고 도전해야 했던 것이다.

그리고 앞에서 이 도파민이 능동적 망각에 크게 관여

하고 있다는 점을 설명했다. 새로운 환경에 설레어 도파민이 풍부하게 분비되면 그때의 기억이 저장되기 쉬워지는 반면, 아직 대뇌로 확실하게 이행되지 못한 애매한 기억은 능동적으로 소거되어 새로운 기억이 저장되기 쉽도록 돕는다.

망각과 연관된 도파민 관련 신경 회로는 약하더라도 항상 활성화되어 있으며, '망각'은 뇌가 가진 근원적인 기능이라고 할 수 있다. 뇌의 성질에 비춰보면 새로운 일에 도전할 때 오래된 기억을 잊기 쉬워지는 것이 당연하다.

이 도파민은 개개인의 호기심이 얼마나 강한지에 영향을 받는데, 호기심의 강도는 도파민 수용체의 유전자 형태에 따라 좌우된다. 이 유전자에는 특징적인 반복 배열이 있는데 호기심이 강한 사람일수록 반복 횟수가 많고, 그 횟수에 따라 도파민의 효과가 강해진다.

사람의 행동은 다양한 요인으로 제어되지만, 도파민이 호기심을 바탕으로 사람의 행동을 촉진하고 사람의 창조성에도 커다란 영향을 미친다는 점은 틀림없다.

정신을 안정시키는 세로토닌

세로토닌에는 정신적 안정이나 안심감을 불러오는 효과가 있다. 이 때문에 '행복 호르몬'이라고도 불리며, 이 작용으로 인해 마음이 안정되고 양질의 깊은 잠을 잘 수 있다.

요즘 우울증을 진단할 때 가장 먼저 처방하는 것이 선택적 세로토닌 재흡수 억제제 SSRI라는 약이다. 나는 정신과 의사가 아니므로 이 약을 처방할 수는 없지만, 내 환자를 정신과에 소개하여 이 약을 처방받아 증상이 극적으로 개선된 적이 몇 번이나 있었다. 세로토닌은 마음을 안정시키는 데 중요한 역할을 담당하므로, 공황 장애나 사회 불안

장애와 같은 불안장애 계열의 질환에도 매우 효과가 좋다.

세로토닌이 부족하면 스트레스에 과민반응을 일으키게 된다는 사실은 이미 널리 알려져 있으며, 우울증 증상과도 관련이 깊다.

세로토닌의 뉴런도 앞에서 설명했던 노르아드레날린이나 도파민과 비슷한 경로를 통해 취한다. 뇌간의 '봉선핵'이라는 곳에서 생겨나 전두엽이나 해마 등으로 광범위한 네트워크를 만든다. 또한 세로토닌이 분비되면 주로 집중계가 활성화된다.

집중계가 활성화되면 우울증과 깊은 관계가 있는 분산계가 억제되는 것이다.

그렇다면 기억과는 어떤 관계가 있을까? 세로토닌이 부족하면 일화 기억을 시작으로 '서술 기억'을 형성하기 어려워진다. 이는 어떤 이유에서일까? 가장 큰 이유로는 세로토닌 부족이 해마에서 시냅스 강도의 '과잉 증강'을 초래하고, 이에 따라 기억 형성을 방해하기 때문이다.

시냅스 강도가 강해지면 기억 형성을 촉진해야 할 것 같은데, 이 경우에는 왜 반대로 기억이 정착되지 않을까? 사실 해마 내 모든 뉴런에 시냅스 증강이 일어나게 되면 기억 형성을 촉진하기는커녕 저해하는 방향으로 돌아서게 된다. 올바른 기억 형성 과정에는 해마 내에서 필요한 시냅스만 증강되어야 하며, 활성화에도 정도의 차이가 필요하다고 여긴다. 즉 세로토닌 부족을 보완함으로써 새로운 기억의 정착을 돕는 효과를 기대하는 것이다.

여기서 세로토닌 분비를 활성화하는 생활 습관 몇 가지를 소개해 보겠다.

첫 번째로 햇볕 쬐기다. 세로토닌은 트립토판이라는 필수아미노산에서 합성되기 때문에, 세로토닌을 생성하는 데는 햇볕을 필수적으로 쬐어야 한다. 특히 햇빛이 눈에 들어가 망막을 자극하는 것이 중요하므로 아침에 일어나면 커튼을 열고 햇볕을 쬐도록 하자. 맑은 날에는 10분이건 20분이건 좋으니 산책하기를 추천한다. 반대로 '햇볕에 타지 않으려고' 태양을 극단적으로 피하는 생활을 지속하다 보면 심리적으로 우울해지기 쉽고, 좀처럼 기분이 좋아지지 않는다.

'행복 호르몬'인 세로토닌을 분비하기 위해서는 식사로 섭취하는 영양분도 중요하다. 뇌 내 적정 세로토닌 농도를 유지하기 위해서는 필수아미노산인 트립토판을 섭취해야 한다. 이 필수아미노산은 쌀 외에도 대두 제품이나 유제품에 넓게 포함되어 있으므로 일반적인 식생활을 한다면 따로 신경 쓸 필요가 없지만, 이러한 식품이 부족하기 쉽다면 의식적으로 섭취하기를 추천한다.

그 밖에도 리듬감 있는 운동이 세로토닌 분비를 촉진하여 불안 해소에 도움을 준다는 사실도 잘 알려져 있다. 메이저리그 야구 중계를 보다 보면 선수가 타자석에 설 때 껌을 씹는 모습을 자주 보인다. 이 행동 역시 세로토닌 효과 관점에서 생각해 보면 아주 합리적이다. 세로토닌은 리듬감 있는 운동을 하면 분비가 증가하는 성질이 있으므로, 턱을 움직여 껌을 씹어 생기는 리듬감이 세로토닌 분비를 촉진하여 집중력 향상과 불안 해소에 한몫하는 것이다.

아이가 엄마 품에 안겨 흔들리거나, 자장가를 들으며 안심하고 잠드는 것도 이러한 리듬을 통해 세로토닌이 분비되기 때문이다. 우리가 온화한 리듬의 음악을 들을 때 안심하는 것도 같은 원리이며, 세로토닌 분비와 관련 있다. 인류는 세로토닌이라는 물질을 알지 못하던 시대부터 음악의 놀라운 효과를 깨닫고 있었고, 사람들의 불안을 잠재우기 위해 이 원리를 찬송가나 성경이라는 형태로 응용해 왔다.

신체가 있기에
뇌가 작동한다

지금까지 뇌는 한 몸처럼 기능하며, 광범위한 대뇌 피질 내에 기억이 존재한다는 점을 설명했다. 기억은 '의식'과 '무의식' 사이를 왔다 갔다 하며 도파민을 비롯한 신경 전달 물질이 광범위한 영역의 기억을 관리하는 역할을 담당한다는 사실도 강조했다.

그러나 기억은 뇌만으로 생겨나는 것이 아니다. 근원을 더듬어 보면 사람의 신체에서 얻은 오감, 즉 '시각·청각·후각·미각·촉각'을 통해 뇌로 전달되는 외부 정보다. 당연하게도 신체가 없다면 기억에 필요한 정보를 확보할 수가 없다. 그리고 그중 어떤 것을 기억으로 남길 것인지는 그 사람이 그때까지 쌓아 온 기억의 자료와 정동 측면에서 결정된다.

이처럼 전신의 감각계로부터 얻은 정보는 뇌 중심부에 있는 '시상'이라는 장소에 일단 모인 후 대뇌 피질로 이동하여 자세하게 분석된다.

그리고 이와 함께 신체에서 얻은 정보는 시상 가까이에 있는 편도체에도 전달되어 정동을 일으킨다(그림 12). 편도체는 시상 하부라는 자율신경 중핵과 가깝고, 무의식적으로 정동을 일으키는 뇌의 부위이자 기억과 관련 있는 해마와도 근접해 있다.

정동을 일으킨 정보는 생존과 관련된 중요 정보일 가능성이 크며, 가능하면 많은 양을 기억으로 저장하는 편이 합리적이기 때문이다. 이에 더해 바로 신체 전체로 반응해야 할 정도로 강렬한 사태일 가능성도 있다. 싸워야 할지 도망쳐야 할지 오감으로 얻은 정보를 바탕으로 무의식 영역까지 총동원하여 적절한 행동을 하는지에 따라 생존이 좌우되기 때문이다.

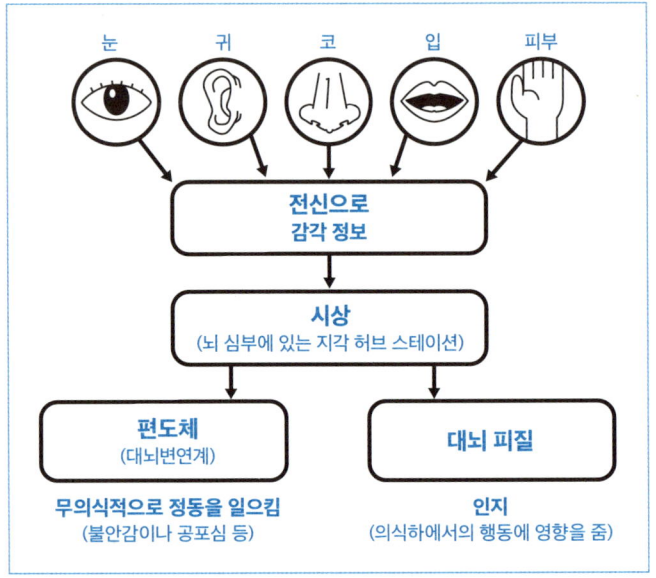

그림 12 |

즉 우리는 다양한 지각 정보를 대뇌 피질에서 '의식적으로' 수용하는 외에도 무의식중에 반응하는 부분이 상당히 많다. 어떤 상황에서 직감적으로 기분 나쁘다고 느끼거나, 공포나 불안을 느낀다면 이성적으로 이해할 수 없거나 대뇌 피질에서 해석하지 못해도 어떠한 진실을 내포한다고 여겨야 한다.

반대로 몸에서 얻은 감각을 중단시키면 어떻게 될까? 조용한 환경에서 눈을 감으면 신체에 통증이나 마비 등 특별한 유해 지각이 없는 이상 사람은 잠에 빠져들고, 의식 깊은 곳으로 침잠하게 된다. 의식은 전신으로 느끼는 지각 정보 없이는 존재하지 않는 걸까?

요즘에는 AI(인공 지능)가 발달함에 따라 "기계에 의식이 깃들 수 있는가?"처럼 흥미로운 논의가 이루어지고 있다. 현시점에서 뇌신경외과 의사인 나는 "신체가 없는 AI에는 의식이 깃들 수 없다."라고 생각하는데, 컴퓨터 기술이 급속도로 발달하고 있는 만큼 이러한 의견도 어린애들 장난 같아 보일 수 있다. 신체 정도는 얼마든지 재현할 수 있다고 반박할 듯하다. 그렇게 되면 뇌가 만들어 내는 의식과는 차원이 다른 '기계의 의식'에 대해 논의할 필요가 있을 것이다.

그러나 적어도 사람의 의식을 만들어 내는 '뇌'는 살아 있으며, 몸과 연동되어 있다. 뇌는 그 사람 안에 존재하면서 신체와 소통하며 항상 변화하는 존재다. 신체가 있고 나서 뇌가 있고, 뇌가 있고 나서 신체가 있는 것이다.

뇌는 무의식중에
신체의 움직임을 지배한다

뇌는 무의식중에 신체를 통해 획득한 지각 정보로 움직인다고 설명했지만, 동시에 뇌의 상황은 '몸→뇌'와는 정반대의 흐름으로 몸에 큰 영향을 미친다. 기쁨이나 공포, 불안과 같은 현저한 정동을 동반하는 경험은 해마를 작동하게 만들고, 그 기억을 굳건하게 만듦과 동시에 현저한 신체 반응을 끌어낸다. 사실, 이때 몸에서 생겨나는 스트레스 호르몬도 '기억'에 커다란 영향을 미친다.

이번 장의 끝에서는 뇌가 신체를 지배하는 데 필요한 '자율신경'과 '내분비계'에 대해 살펴보자.

무의식적으로 몸을 움직이는 시스템인 자율 신경계는 심장이나 호흡기, 혈관 등의 작용을 '무의식적으로' 제어한다. 그 출발점은 앞에서도 설명했듯이 뇌의 '시상 하부'에 있으며, 시상에 모인 지각 정보를 바탕으로 자율 신경계를 작동시킨다.

외부에서 들어온 정보는 많든 적든 정동의 변화를 일으키고, 그 대부분이 이른바 스트레스가 되어 신체에 영향을 미친다. 자율 신경계는 그 스트레스에 대응할 수 있는 신체 상태를 만드는 동시에 뇌에도 작용해 각성도를 높여 반응 준비 상태를 만드는 시스템이다.

자율신경에는 '교감 신경계'와 그 반대의 기능을 가진 '부교감 신경계'가 있다. '교감 신경계'는 몸이 임전 태세를 갖추게 하는 기능이 있다. 예를 들면 심박수나 혈압 상승, 발한, 근육으로 혈류를 촉진하는 등의 일을 담당한다.

이와 반대로 '부교감 신경계'는 신체를 쉬게 하고 회복시키며, 심박수 저하나 기관지 수축, 담즙 분비촉진 등을 담당한다. 부교감 신경계가 작동하면 "지금은 위험하지 않으니 몸을 쉬게 하세요."와 같은 메시지를 전달한다고 볼 수 있다.

뇌가 기점이 되어 전신에 영향을 미치는 또 다른 시스템이자, 호르몬을 분비하는 '내분비계'도 중요하다. 특히 '부신피질 자극 호르몬 방출 호르몬'은 불안이나 공포 같은 정동을 일으키는 상황에서 분비되는 호르몬으로, 기억과도 큰 연관이 있다.

부신피질 자극 호르몬 방출 호르몬은 시상 하부에서 만들어져 최종적으로 부신이라는 장기에서 스트레스에 대응하는 호르몬인 '코르티솔'(당질 코르티코이드)을 분비한다. 이 코르티솔이 교감 신경계와 같이 작동하여 스트레스를 유발할 비상사태에 대응하는 임전 태세를 갖추게 한다.

그리고 이 코르티솔의 수용체가 풍부하게 존재하는 부위는 전두전야와 해마, 편도체이며, 기억과의 관계 또한 기본적으로 노르아드레날린과 유사하다. 해마에서 신경 신생을 촉진하고 새로운 서술 기억 정착을 촉진함과 동시에, 그 직전의 단기 기억을 소멸시키는 방향으로 작용한다.

그렇다면 어째서 기억의 정착을 촉진하는 걸까? 코르티솔이 분비되는 시점에 정동을 일으키게 되고, 정동을 일으킨 경험은 기억해 두는 것이 그 후의 인생에 유리하게 작용하기 때문이다.

그러나 코르티솔에는 노르아드레날린처럼 장기간에 걸쳐 분비되는 뉴런의 수상돌기를 감소시키는 성질이 있으므로 주의해야 한다. 즉 코르티솔 역시 위험에서 몸을 지키기 위해 전신의 임전 태세를 갖추고 뇌 각성도를 높여 예리하게 벼려진 상태를 유지하는 효과가 있지만, 장기적으로는 뇌를 피폐하게 만드는 것이다.

이처럼 정동을 크게 일으키는 사건은 스트레스로 뇌에 큰 영향을 미친다. 정신적 스트레스가 많은 사람은 코르티솔이 만성적으로 분비되어 이 부위의 수상돌기 네트워크가 감소하며, 인격장애나 기억 장애를 일으키기 쉬울 수 있으므로 주의가 필요하다.

항상 임전 태세로 살아가다 보면 집중계를 활성화하는 노르아드레날린과 코르티솔 때문에 스스로가 상처를 입게 되고, 뇌의 건강수명에도 악영향을 미친다. 적당한 수준에서 마음을 편하게 갖고 뇌와 신체를 쉬게 하는 것이 중요하다.

뇌는 우리 주변에서 일어나는 다양한 사건에 의식적·무의식적으로 반응하고, 그 상황에 최선을 다하고자 노력한다. 그러나 뇌의 반응에 따라 신체에서 만들어지는 물질이, 반대로 뇌에 커다란 영향을 미치기도 한다. 뇌는 신체를 지배하는 동시에, 신체로부터 지배당한다고도 할 수 있다.

5장

뇌 수명을 늘리다

'망각하는 뇌'를 만드는 법

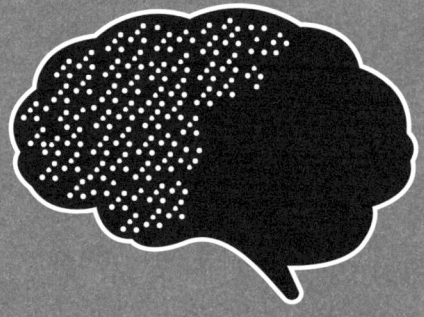

많이 사고하는 사람은 망각한다

'망각하는 뇌'라는 표현이 이상하게 들릴지도 모르겠다. 다만, 지금까지 설명했듯이 뇌는 기억 생성과 유지에 방대한 에너지를 사용하는 동시에, 불필요한 기억을 지우기 위해 능동적으로 에너지를 투입하고 있다. 뇌는 일부러 단백질을 합성하여 망각을 촉진하는 것이다.

왜 그렇게까지 하는 걸까? 새로운 기억을 저장하는 데는 신생 뉴런이 사용되므로, 오래된 기억을 담당하는 오래된 뉴런을 소거하지 않으면 뇌가 과부하에 걸리고 말기 때문이다. 즉 뇌가 건강하게 기능을 유지하기 위해서는 해마에서 뉴런의 신진대사가 일어나야 한다. '무언가를 망각한다'라는 것은 뇌가 건강하게 작동하고 있다는 증거이기도 하다.

뇌의 무게는 겨우 1.4kg 정도에 불과한데, 전신에 투입되는 산소와 에너지의 20%를 소비한다. 그중 어느 정도 양이 '망각'에 소비되는지는 아직 정확하게 판명되지는 않았다. 기억하는 과정 자체에 들어가는 기능이기 때문에 상당한 에너지가 투입될 것으로 추측할 뿐이다.

망각하지 않으면 새로운 기억을 저장할 수도 없다. 덧붙이자면 새로운 기억을 저장할 수 없다면 '사고'할 수도 없다. 사고한다는 행위 자체가 망각한 후에 획득한 기억을 조합하여 미래를 향한 새로운 시각이나 새로운 해석을 찾아내는 일이기 때문이다. '사고'는 그 사람의 기억을 토대로 이루어지는 행위다. 그 사람이 살아온 역사나 경험을 바탕으로 어떤 기억을 버리고, 어떤 기억을 저장할 것인지 취사선택한 결과를 반영해 왔기 때문이다.

한편으로는 사고가 망각을 촉진하는 측면도 있다. 사고하는 과정에서 어떤 특정 신경 회로가 자극받고, 반대로 다른 회로는 억제되기 때문이다.

사고를 통해 촉진되는 망각은 2장에서 설명했듯이 '인출유도 망각'과 관련이 있으며, 이러한 현상은 하나의 뉴런이 많은 기억을 형성하는 데 관여하기 때문에 발생한다. 사고할 때는 많은 뉴런을 동원하여 그 활동성을 높이는 한편, 그와 다른 기억에 관련된 회로로는 전기 자극이 흐르기 힘들어지고 억제되어 망각을 촉진하게 되는 것이다.

다른 측면에서 보면 너무 많이 생각하지 않는 사람이 기억을 쌓기 쉽다고도 할 수 있다. 다만 그렇게 쌓인 기억은 분산계와 효율적으로 연결되지 않아서, 무언가 연관된 일이 화제에 올라도 "아, 그 이야기 아는데." 정도의 기억에 불과하다. 건망증은 줄어들지도 모르겠지만 아무리 많이 쌓여 있어도 이러한 기억을 바탕으로 무언가 새로운 일을 창조해 내기는 어렵다.

AI가 급속도로 발전한 현대 사회에서는 단순하게 많은

양을 기억하거나, 대량의 데이터를 기반으로 기계적인 판단을 내리는 일은 사람보다 AI가 훨씬 뛰어나다. 그런 시대이기 때문에 사람은 꼭 필요한 기억만 엄선하여 뇌에 저장하고, 그 기억을 효율적으로 연결하여 사고하고, AI가 창조할 수 없는 것을 창조해 내야 한다. 잡다한 기억을 보존하는 역할은 문명의 이기에 맡겨 두고 필요할 때 꺼내 쓸 수 있으면 충분하다.

그렇다고 해도 사람들은 기억을 잘 다루지 못한다. 때로는 잊지 말아야 할 일을 잊기도 하고, 잊는 게 나은 일은 잊지 못하기도 한다.

이런 현상은 뇌 사용법이 편중되어서 발생한다. 우리가 무의식적으로 '뇌를 편중되게 사용'하는 이유는 무엇인지, 어떻게 하면 그 편중을 줄여 갈 수 있을지 알아보자.

뇌는 사용할수록
좋다?

'뇌는 사용할수록 좋다'라는 말에 의문을 품다니, 지금까지 우리가 알던 상식에 비추어 보면 조금 이상해 보일 수도 있겠다. 적어도 많은 사람이 뇌는 사용하면 사용할수록 활성화되고 성장한다고 생각할 것이다.

그러나 뇌 사용도 '과유불급'이다. 적당하게 사용하는 편이 가장 좋고 과용해서는 안 된다. 뉴런을 장수시키는 데 가장 적합한 사용법이 있는 것이다. 사실 뇌를 가장 잘 사용하는 비결은 '휴식'이다.

그 열쇠를 쥔 것이 바로 신경 아교 세포 중 하나인 희소 돌기 아교 세포다. 축삭을 감싸고 있는 희소 돌기 아교 세포는 기억 형성에 필요한 '미엘린 수초'를 만들기 위해서 대사가 가장 활발한 세포인 만큼, 거의 항상 '과로 상태'라고 할 수 있다. 무려 자기 중량의 100배에 달하는 양의 미엘린 수초를 기르고 있으니 과로하는 것도 당연하다.

즉 희소 돌기 아교 세포는 스트레스에 약한 데다 과다한 노동과 피로를 겪기 쉽다. 이 세포를 건강하게 유지하기 위한 행동이 그 신경 회로를 보호하고 뉴런을 지키는 것으로 이어진다. 뉴런은 아직 일할 수 있는 상태라고 해도 희소 돌기 아교 세포가 한계에 도달하는 일은 흔하다.

'머리를 쓰는' 일에는 뉴런은 물론이고 신경 아교 세포도 작동하는데 과도하게 작동하면 희소 돌기 아교 세포가 가장 먼저 죽어 버리고, 뒤이어 뉴런도 죽기 쉽다. 죽은 세포에서 흘러나온 물질은 뇌의 면역 세포인 미세 아교 세포를 활성화하게 되고 염증 반응이 끊임없이 일어나게 된다. 이는 더 많은 뇌세포의 죽음으로 이어지며, 결국 뇌 노화를 촉진하게 된다. 뇌에서 일어나는 거의 모든 활동이 중요하기 때문에 너무 많이 사용해서도, 사용하지 않아도 안 된다.

적당하게 뇌를 작동하기 위해서는 스트레스에 약한 희소 돌기 아교 세포의 생존에 적합한 뇌 사용법을 알아야 한다. 그러나 당연하게도 현재 뇌 상태가 희소 돌기 아교 세포의 생존에 적합한 상태인지 아닌지는 직접 알 수는 없다.

그렇다면 어떻게 해야 할까?

'피곤하면 쉰다', '질리면 다른 일을 한다' 이 두 가지를 지켜야 한다. 피로가 느껴진다면 그때 사용하는 뇌 부위에 에너지를 생산하는 물질 ATP를 사용한 뒤에 분비되는 물질인 '아데노신'이 축적되었다는 의미다. 아데노신은 뇌 전체의 활동을 억제하는 동시에 강력한 수면유발물질이기도 하다. 피곤한데도 그대로 활동을 지속하면 활성탄소가 쌓이게 되고 불용성 단백질이 축적되어 뇌의 세포사가 시작된다. 더불어 '질리는' 것도 뇌의 특정 부위가 지쳐서 아데노신이 축적되기 시작한다는 신호다. '피곤하다'도 '질린다'도 영어로는 똑같이 'get tired'라는 표현을 사용한다는 점에서 상징적이라고 볼 수 있겠다.

중요한 신경 전달 물질인 글루탐산도 같은 일을 오랫동안 지속하다 보면 축적되어 신경독성으로 이어진다. 그 전 단계가 '질리는' 것이다. 피곤을 느꼈다면, 또는 질린다는 생각이 든다면 의식적으로 다른 일을 하려고 시도해 보자.

뇌를 쉬게 한 다음에는 당연하게도 '수면'이나 '멍하니 아무 일도 하지 않는' 시간이 필요하지만, 사실 그것만으로는 충분히 쉬지 못한다. 상황에 따라서는 그런 시간이 오히려 뇌의 특정 부위를 활성화하기도 하기 때문이다. 뇌에 충분한 휴식을 주기 위해서는 '다른 일을 해야' 한다.

왜 다른 일을 해야 할까? 다음 챕터에서 그 이유를 알아보자.

뇌를 균형 있게 사용하자

뇌가 피폐해지는 것을 예방하기 위해 가장 효과적인 방법은 다른 일을 하는 것이다. 다시 말하자면 '집중계와 분산계를 균형적으로 사용'해야 한다.

뇌에는 크게 두 가지 시스템이 있다는 사실을 앞에서 설명한 바 있다. 그것이 바로 '집중계'와 '분산계'이며, 각각 활동할 때는 반드시 다른 쪽을 억제하고 쉬게 한다는 점도 강조했다.

집중계는 '목적을 갖고 어떤 일에 집중할' 때 활성화되는 부분이며, 주로 전두엽과 두정엽 외측 피질이 이에 해당한다. 반대로 분산계는 '어떤 일에 집중할' 때 억제되는데, 뇌 전체의 균형을 제어하고 기억의 정리를 관장한다.

두 가지 시스템은 상호 억제하며 작용하기 때문에 고도의 연대 작업을 통해 뇌의 성능을 최대한으로 끌어내는 체계를 갖추고 있다. 즉 두 가지 시스템을 균형 있게 활성화할 수 있다면 각각 적당하게 휴식할 수 있으며, 뇌의 건강수

집중계	분산계
어떤 목적을 갖고 과제 수행하기	멍하니 경치 감상하기
책 읽기	산책하기
좋아하는 일에 집중하기	지나간 일 회상하기
운동하기	샤워, 목욕하기
좋아하는 음악 듣기	수면(렘수면)
글을 쓴다	그다지 머리를 쓰지 않는 단순 작업
휴대폰 게임 하기	SNS 대충 훑어보기

표 2 | 집중계·분산계의 활동 리스트

명도 늘어난다.

그리고 이 두 가지 시스템을 균형 있게 활성화하는 간단한 실행 방법은 '다른 일을 하는 것'이다. 다른 일을 하는 것이 바로 집중계와 분산계를 교체하는 스위치가 된다. 다만, 집중계와 분산계 중 어느 쪽이 활성화되는가는 어떤 활동을 하느냐에 따라 달라지기 때문에 '지금 내가 하는 활동은 집중계와 분산계 중 어느 쪽을 사용하고 있는가?'를 생각하며 의식적으로 교체할 수 있어야 한다. 다음 리스트에 집중계와 분산계의 활동 예시를 정리해 두었으니 참고하길 바란다(표 2).

이와 반대로 '같은 일'을 지속한다면, 즉 '집중계'와 '분산계' 중 어느 한쪽만 계속해서 사용한다면 뇌는 점차 피폐해진다.

분산계만 과잉 활성화된 상태에 나타나는 대표적인 증상이 '우울증'이다. 어떤 의욕이 생겨나지 않아서 활동을 자제하고 뇌를 쉬게 하려고 해도 실상은 전혀 쉬지 못할 때도 있다. '지금은 아무 일도 하고 있지 않으니 뇌가 쉬고 있겠지?'라는 착각이야말로 위험하다. 아무 일을 하지 않더라도 분산계는 활동하고 있을 수도 있고, 잘 때 분산계가 활성화되기도 한다. 반대로 우울한 상태에서 각성했을 때 분산계가 과하게 활동하게 되면 뇌가 전혀 쉴 수 없게 된다.

잘 때도 활성화되는 부분이 많은 분산계에는 어떠한 형태로든 적극적으로 휴식을 취하려는 행동이 중요하다. 의외라고 생각할 수도 있지만, 휴식을 취하게 하는 행동이란 바로 '목적을 가지고 무언가에 집중하는' 것이다. 이처럼 집중 작업을 함으로써 집중계가 활성화되고, 분산계가 억제되기 때문이다. 이에 더해 집중 작업 중에 분비되는 노르아드레날린이나 도파민 또한 분산계를 억제한다. 분산계의 뇌 영역을 쉬게 하는 데는 무언가에 집중할 시간을 만드는 것이 제격이다.

한편, 집중계가 과잉 활성화되면 그 부위에 열화한 단백질과 활성탄소 등이 축적되며, 이는 세포사로 이어진다.

여기에 더해 노르아드레날린이나 도파민을 분비하는 세포에 과도한 부담을 지우게 되어 피폐해지고, 그 세포들이 사멸하며, 결국 집중계의 기능 저하로 이어진다.

뇌세포가 죽어 가는 '신경변성질환' 중 퍼킨스 병이나 어떤 종류의 치매 중에는 병전 성격으로 '고지식함', '의리'와 같은 경향이 나타난다. 이런 성격을 가진 사람은 주변 사람들에게 높은 평가를 받지만, 집중계가 긴 시간 동안 과잉 활성화되기 쉬우므로 그 폐해가 발생하게 된다. 성실한 성격에 '끝까지 완성할 때까지', '제대로 정리할 때까지'라며 하나의 일에 집중한 채로 계속해서 작업을 이어간다.

이 때문에 '피곤하다'라거나 '질렸다'라는 이유로 일을 일단 내팽개치고 쉬거나, 다른 일을 하며 숨을 돌릴 수가 없는 것이다. 이런 상황이 장시간 이어지면 뇌 사용법 관점에서 집중계 과잉 활동성이라는 편향이 발생하게 된다.

이처럼 집중계와 분산계 중 어느 한쪽으로 편중되면 뇌에 악영향을 미치기 때문에, 의식적으로 이를 피하고자 노력해야 한다.

편중을 피하고자 일이나 취미에 집중하는 시간을 만들어 집중계를 활성화하는 한편, 한가롭게 산책하거나 멍하니 있는 시간을 만들어 분산계를 활성화해 보자. 집중계와 분산계를 교차로 실행하는 것이다.

특히 '요즘 좀 우울한 것 같네.'라는 생각이 든다면 분명 분산계가 과잉 작용한 탓이므로, 의식적으로 집중계를 활성화해 보자. 다만, 우울증이 심각한 상태라면 집중계로 전환하기가 어려울 수도 있다. 그럴 때는 간단하게 '휴대폰 게임'이라도 하기를 추천한다. 무리하지 않는 범위에서 집중계를 사용하도록 노력해 보자.

뇌 수명을 좌우하는
수면과 식사

뇌의 피로를 경감시키기 위해서는 '다른 일 하기'가 가장 효과적이지만, 그렇다고 해도 수면이 '뇌를 휴식'시키는 데 매우 중요하다는 점은 논의할 필요조차 없다.

뇌를 가진 동물은 모두 포식자에게 잡혀갈 위험이 있음에도 수면 없이 살아가는 방향으로 진화하지 않았다. 그 이유는 무엇일까?

바로 수면 없이는 신경 아교 세포를 통한 뇌의 유지 보수가 불가능하기 때문이다. 신경 아교 세포는 뉴런에 영양 보급과 노폐물 배출을 함으로써 뇌 속에서 뉴런을 지원하는데, 야간 수면 시에만 충분히 활동할 수 있다.

뇌를 유지하는 신경 아교 세포가 활동하기 위해서는 반드시 수면이 필요하기 때문이다.

더불어 수면은 '기억을 유지'하는 시간이기도 하다. 기억에 관련된 단백질 합성은 물론이고, 기억을 정착시키기 위한 작업도 야간 수면 시에만 일어난다. 단백질은 기억의 주요 구성요소지만 이 단백질은 모두 세포 내의 '소포체'라는 장소에서 적절하게 접혀야 활동할 수 있다. 수면 부족으로 소포체가 활발하게 활동하지 못하면 단백질이 제대로 접히지 않고, 손상된 단백질이 축적되어 기억 형성도 이루어지지 않는다. 또 소포체 스트레스가 가속화되어 뉴런과 신경 아교 세포의 죽음으로 이어지고, 이 역시 기억 형성을 저하한다.

또한 별 아교 세포를 중심으로 한 뇌 내부의 노폐물 배출 시스템인 '글림파틱 시스템$^{\text{Glymphatic system}}$'도 야간 수면 시에 활성화한다고 알려져 있다. 이 시스템이 작동하지 않으면 오래되고 비정상적으로 접힌 열화 단백질이 뇌 내에 응집하고 축적되어 알츠하이머병의 직접적인 위험인자가 되고 만다.

이 같은 열화 단백질 등의 노폐물이 축적되면 사멸한 세포와 같이 만성 염증의 원인이 되며, 뉴런의 세포사를 촉진한다.

수면시간은 건강한 뇌나 기억을 유지하기 위해 가장 중요하다. 모든 포유류가 포식자에게 사냥당할지도 모르는 커다란 위협을 무릅쓰면서까지 수면시간을 확보하는 데는 그럴만한 이유가 있는 것이다.

뇌를 유지하기 위해서는 수면은 물론이고 '식사'도 중요하다.

식사의 중요성이 알려진 뒤로부터는 '기억력'이라는 키워드로 검색해 보면 '뇌에 좋은 건강보조식품', '기억력을 높이는 식품' 같은 광고가 화면을 빼곡히 채운다. 그런데 과연 이런 것들이 정말 효과가 있을까? 많은 사람이 기대와 불안을 안고 있을 것이다. 물론 이런 식품에서 얻을 수 있는 효

과는 천차만별이기 때문에 주의가 필요하다.

그렇다면 이 책에서 강조해 온 '필요한 기억은 저장하고, 잊어도 되는 기억은 점차 소거'하는 이상적인 상태에 가까워지려면 어떤 음식을 먹어야 할까?

우선 '지방'이 필요하다. 뇌세포는 아주 가느다란 돌기로 둘러싸여 있으며 그 형태를 유지하기 위해서는 세포막의 성분인 지방이 많이 필요하다. 다이어트를 할 때는 지방질을 피하려 하지만, 지방질을 포함한 식사를 적당히 먹는 것이 뇌 기능을 유지하는 데는 효과적이다.

지방질 중에서도 세포막 성분인 '오메가3 불포화지방산'이 특히 중요하며, 이를 건강보조식품으로 섭취하면 인지 기능 개선에 도움이 된다고 알려져 있다. 오메가3가 풍부하면 세포막의 유연성과 유동성이 높아지기 때문이다. 아직 밝혀지지 않은 부분도 많지만, 뇌 기능 장애가 있는 사람이나 뇌가 성장 중인 아이에게 오메가3를 먹이면 인지 기능이 개선된다는 보고도 있었다. 너무 극단적으로 섭취하지만 않는다면 오메가3의 섭취는 결코 부정적인 영향을 주지 않을 것이다.

지방질 외에는 기억을 만들어 내는 근원인 '단백질'도 필수이다. 단백질의 재료가 되는 아미노산을 섭취해야 하는데, 특히 '필수 아미노산'이라고 불리는 아미노산은 사람의 체내에서는 합성되지 않는다. 육류, 어류, 달걀, 유제품, 콩 등의 음식에는 이 필수 아미노산이 풍부하게 포함되어 있으므로 잘 섭취하기를 추천한다.

또한 뉴런의 유일한 에너지원인 '포도당'도 적절하게 보충해 줘야 한다. 포도당을 통해 에너지를 확보해야 비로소 뉴런의 전기적 활동도, 이를 지원하는 신경 아교 세포도 작동할 수 있다. 뇌는 상상보다 훨씬 대식가라 전신에서 사용하는 포도당의 25%가 뇌에서 소비된다. 따라서 뇌를 최적의 상태로 유지하기 위해서는 당질도 적절하게 섭취해야 한다. 당질 제한 다이어트가 유행하지만, 과도하게 섭취를 제한하면 뇌에 심각한 영향을 미치게 되어 사고력과 기억력이 저하될 가능성이 있으므로 주의해야 한다. 당질이 악당이 되는 경우는 어디까지나 '과잉' 섭취하는 경우에만 해당한다.

지금까지 설명한 '지방질', '단백질', '당질(탄수화물)'은 3대 영양소라고 불릴 만큼 생명을 유지하는 데 기본적인 영양소이지만 기억을 위해서도 아주 중요하다. 과하지 않는 수준에서 균형적인 식생활을 유지할 필요가 있다.

심지어 대사 부하가 강하여 방대한 에너지가 필요한 '희소 돌기 아교 세포'를 지키기 위한 영양소를 충분히 섭취해야 하는데, 이에 필요한 세라마이드라는 물질은 장에서 잘 흡수되지 않아 뇌 내에서는 거의 활용되지 않는다. 희소 돌기 아교 세포가 이용하는 세라마이드 대부분은 자기 세포 내에 있는 단백질과 효소를 이용하여 합성한다.

이 말인즉슨 만약 건강보조식품으로 세라마이드를 대량 섭취한다고 해도 아무런 도움도 되지 않는다는 의미다. 피부나 무릎 연골에 보충하고자 건강보조식품으로 콜라겐을 섭취해도 대부분 그대로 흡수되지 않아서 별 도움이 되지 않는 것과 마찬가지다. 이러한 생체 성분은 정말로 필요한 곳에서 필요할 때 합성할 수 있어야 한다.

희소 돌기 아교 세포를 지키기 위해서는 지방질, 단백질, 그리고 에너지를 제공하는 당질을 포함하여 균형 있는 식사를 해야 한다.

세라마이드뿐만 아니라, 어떤 식재료든 손쉽게 구할 수 있는 현대 사회에서는 너무 편중된 식생활을 하지 않는 이상, "무언가를 더 먹어서 건강을 좋게 하자.", "무언가를 제한하여 좋게 만들자." 같은 발상을 하기보다는 균형에 신경 쓰는 편이 더 좋다. 건강보조제는 어디까지나 보조에 불과하니 식생활 균형 개선을 가장 큰 목표로 삼자.

당뇨병은
뇌도 파괴한다

뇌 기능 유지를 위해 식사 영양 관점에서 신경 써야 할 또 다른 중요한 점이 당뇨병 예방이다. 당뇨병은 혈당치 상승으로 인해 여러 가지 합병증을 일으킨다.

실제로 당뇨병이 치매에도 커다란 영향을 미친다는 사실이 연구 결과를 통해 밝혀졌다. 전 세계에서 당뇨병과 알츠하이머병의 통계를 집계한 임상 연구인 '로테르담 연구'(1999)에 의하면 당뇨병 환자는 알츠하이머병의 발병 위험이 일반인에 비해 거의 두 배에 가깝다는 점이 밝혀졌다.

예전부터 생명체에게 최대의 생존 위기는 '기아'였다. 사람의 신체는 영양소 부족에 대항하기 위해 혈당치를 올리는 호르몬을 많이 가지고 있지만, 혈당치를 내리는 호르몬은 인슐린 한 종류밖에 없다. 인체는 기아를 이겨내도록 진화해 왔지만, 현대에 들어서는 영양소가 남아돌게 되었다. 이 때문에 오히려 영양소 과다로 인한 폐해가 일어나 만성질환이 증가하였는데, 그 대표 격이 바로 당뇨병이다.

당뇨병에는 2종류가 있는데, 췌장의 인슐린을 생산하는 세포(베타세포)의 감소로 인해 발병하는 'Ⅰ형'과 세포가 인슐린을 활용하지 못하는 상태가 되는 'Ⅱ형'이 있다. Ⅱ형은 편향된 식생활과 운동 부족으로 인해 발생하며 고혈압 증상을 보인다.

당뇨병으로 인한 고혈압 상태는 어째서 뇌에 좋지 않은 걸까?

몇 가지 이유가 있는데, 첫째로는 과잉 당질이 단백질과 결합하여(당화), 그 기능을 열화시킨다는 점이다. 지금까지 기억의 형성과 소멸에 단백질 활동이 필수라고 설명했듯이, 뇌가 건강하게 작동하기 위해서는 단백질이 제대로 작동해야 한다. 고혈당이 오랫동안 지속된다는 것은 신체 곳곳에서 단백질 열화가 촉진되고 있다는 의미다.

다음으로 인슐린 분해효소가 알츠하이머병의 원인 물질 중 하나인 '아밀로이드 베타'의 분해와 배출에도 관여하기 때문이다. II형 당뇨병은 인슐린을 과다하게 만들어 내는데, 이에 따라 많은 분해효소가 인슐린 분해에 사용되기 때문에 아밀로이드 베타를 분해할 수 없게 된다. 아밀로이드 베타가 축적되면 서로 들러붙게 되어(응집) 정상적인 기능을 잃고, 독성을 발휘하게 된다. 또한 과잉 축적된 아밀로이드 베타는 만성 염증의 원인이 되어 뉴런이나 신경 아교세포의 죽음을 가속한다.

당뇨병이 뇌에 미치는 영향은 이뿐만이 아니다. 혈당치가 높아지면 혈액 응고계가 활성화되고, 인슐린 수치가 높아져 혈전을 녹이는 '선용계'라는 경로가 활성화되는 것을 억제한다. 그렇게 되면 뇌 안에 미소 혈전이 생기기 쉬워진다. 미소 혈전은 얇은 혈관 안에 생기는 핏덩어리로, 다발성 뇌경색의 발생 요인이 된다. 심지어 고혈당은 염증 반응을 촉진하는 성질이 있어 염증으로 인해 혈관 내강에 혈전이 쌓이기 쉬운 환경을 촉진한다. 이는 뇌 경변으로 이어지므로, 고혈당이 뇌혈관성 치매의 원인이 되는 셈이다.

이처럼 당뇨병은 단백질 열화나 아밀로이드 베타의 축적을 촉진하여 혈전 형성의 위험성이 높아지므로 다양한 측면에서 뇌 기능에 악영향을 미칠 위험이 크다.

당뇨병에 걸리지 않기 위해서는 균형 잡힌 식습관이 중요하다. 내가 당뇨병 전문가는 아니지만, 뇌는 '뉴런을 너무 많이 사용하면 치매에 걸리기 쉬워'지므로 인슐린을 분비하는 세포에 과중한 부담을 주지 않는 것이 중요할 것으로 보인다. 뇌가 쉼 없이 항상 작동함으로써 인슐린 생성 세포를 죽음으로 몰아간다면, 췌장의 베타세포도 뉴런이나 신경 아교 세포처럼 오랫동안 활동하기 위해서는 반드시 '쉬게' 해야 한다.

이 때문에 나는 간식을 가능하면 먹지 않으려고 애쓴다. '미니 기아 상태'를 만들어 조금이라도 인슐린 분비세포가 쉴 시간을 만들어 주기 위해서다. 하지만 실제로는 평소에 간식만 먹지 않도록 신경 쓸 뿐, 다른 먹고 싶은 음식은 별로 신경 쓰지 않고 먹는다. 이렇게 하다 보면 결국 균형 잡힌 식사로 이어질 것이라며 핑계를 대면서 말이다.

운동이
뇌를 작동시킨다

　운동이 뇌에 좋다는 이야기는 이미 많은 책에 쓰여 있으며, 건강에 신경 쓰는 사람이라면 누구든 아는 사실이다. 환자에게 "치매에 걸리지 않으려면 어떻게 해야 할까요?"라는 질문을 받으면, 나는 "우선 운동부터 하세요."라고 답한다. 그러면 대부분 환자는 그런 건 이미 알고 있다며 지겹다는 표정을 짓는다.

　그러면 가끔은 나도 조금 억울해져서 "그럼, 어째서 뇌에 좋을까요?"라고 심술궂게 질문해 보지만, 이 질문에 대답하는 환자는 거의 없다.

실제로 운동을 하면 근육에서 다양한 성장인자가 분비되고, 그것이 뇌에 도달하여 뇌를 지켜준다. 특히 '인슐린 유사 성장 인자IGF-1'와 '혈관 내피 성장 인자VEGF'라고 하는 분자가 중요한데, 이들은 직접적으로 뉴런과 신경 아교 세포를 보호하는 효과가 있다. 심지어 이 물질들은 뇌에 들어가면 '뇌 유래 신경 영양 인자BDNF'나 세로토닌 같은 뇌세포 전체를 보호하는 분자가 분비되도록 촉진한다.

뇌 유래 신경 영양 인자는 뉴런을 세포사로부터 지키고 삶을 연장하는 작용을 하며, 다양한 질환과도 연관이 있다. 그중에서도 가장 주목할 만한 점은 치매와의 연관성이다. 실제로 알츠하이머병에 걸리면 혈중 BDNF 수준이 저하된다는 점을 알 수 있다.

운동으로 인해 이 성장인자들이 분비되면 해마의 혈류가 증가하고, 신경 신생을 확대하며, 결과적으로 기억을 포함한 인지 기능을 개선하는 효과가 발생한다. 더욱이 염증을 촉진하는 'IL-1β'를 감소시켜 뇌의 만성 염증을 억제하는 작용도 한다. 실로 좋은 일투성이다.

근육은 마치 뇌를 지키는 약 제조공장과 진배없다. 뇌를 지키기 위해서도 점차 근육을 움직여야 한다. 그러기 위해서는 적당한 운동이 필요하다. 예컨대 산책이나 러닝, 또는 적당한 범위의 근력 운동도 좋다.

이제 운동을 하면 근육에서 뇌를 지키고 활성화하는 물질이 방출된다는 사실을 알았다. 그렇지만 과연 운동과 뇌는 그 정도 연관성밖에 없는 걸까?

운동하고 나면 더욱 상쾌한 느낌이 드는 것 같지 않은가? 조깅이나 여타 다양한 운동을 하고 난 뒤에 불쾌한 피로감보다 상쾌함을 느끼는 사람이 많을 텐데, 어째서 그렇게 느끼는 걸까? 이를 나타내는 사례로 자전거 형태의 운동 기구를 사용하여 '운동과 뇌 혈류와의 관계'를 조사한 연구가 있다. 조사 결과, 적당하게 운동하면 전두전야 내측부의 '양하야'라고 불리는 부위와 '대상회 전방'의 혈류가 30% 정도 늘어난다는 사실이 밝혀졌다. 3장 '기쁨의 기억'에서 설명했듯이 기쁨의 감정이나 '좋아한다'라는 느낌은 전두엽의 아랫부분이나 근접한 전측 대상회 등을 넓게 활성화한다.

즉 운동은 기쁨을 느끼는 뇌 영역을 직접적으로 활성화한다는 것이다.

그리고 운동은 기억에도 좋은 영향을 미친다. 동물실험을 통해 운동이 해마의 신경 신생을 증가시키고, 기억력을 향상해 준다는 사실이 밝혀졌다. 사람도 운동을 하면 해마의 혈류가 증가하고, 장기 기억의 보존 장소인 대뇌 피질과의 결합성이 높아진다는 점이 밝혀졌다. 당연하게도 기억을 포함한 인지 기능도 향상되었다.

아직 운동의 강도와 기억력의 관계에 대해서는 확실한 결론이 나지 않았지만, 신체를 한계까지 혹사하는 운동은 스트레스 호르몬 분비를 촉진하므로 피하는 편이 좋다. 중간 정도에서 조금 센 강도의 운동으로 호흡수나 심박수가 조금씩 오르는 정도가 적당하며, '자발적으로, 기분 좋은 범위 안에서' 해야 한다.

앞에서 언급했듯이 자전거 형태의 운동 기구에서 한 조사에서는 인지 기능의 하나인 '실행 기능'에도 유의미한 개선 경향이 나타났다. '실행 기능'이란 정보를 일시적으로 기억하면서 과제를 잘 수행하는 능력을 가리키는 말로, 대표적인 집중계의 기능이다. 운동으로 혈류가 증가한 전측 대상회는 '집중계'의 주요 뇌 영역과 신경이 풍부하게 연결되어 있기에 운동으로 인해 집중계가 활성화되었다고 볼 수 있다.

더욱이 운동을 통해 불안한 감정이나 우울한 기분이 개선된다는 사실도 이미 알려진 사실이다. 불안감은 분산계를 활성화하지만, 그럴 때 운동을 하면 집중계가 활성화되기 때문에 불안감이나 우울한 상태에서 나타나는 분산계의 과잉 활동을 진정시키는 효과가 있다.

한편, 어떤 작업에 집중하다가 지쳤을 때 바람을 가르며 자전거를 타고 달리다 보면, 피곤이 풀리는 듯한 기분 좋은 감각을 자아내기도 한다. 이러한 현상의 배경에는 두 가지 이유가 있는 것 같다. 하나는 운동이 기쁨을 느끼는 뇌 영역인 전두엽 아랫부분과 전측 대상회의 혈류를 증가시키기 때문이다.

또 하나의 이유는 운동이 뇌 내 도파민양을 증가시키기 때문이다. 특히 운동 직후에 도파민 분비가 상승하는데, 그 상태는 당분간 지속된다. 도파민을 만들어 내는 신경은 전두엽 및 해마와 밀접하게 연결되어 있으며, 쾌감을 초래하여 어떤 목적을 위해 행동하도록 하는 동기부여가 되는 동시에, 그 행동을 기억에 저장하기 쉽게 만든다는 점은 앞에서 설명한 대로다.

운동은 기억력을 증가시키는 동시에, 현재 눈앞에 있는 과제에 집중하게 만들어 부정적인 기억을 잊게끔 인도해 줄 것이다.

음악은
기쁨의 신경 회로를
활성화한다

　음악에는 여러 가지 장르가 있는데, 그 중에서도 자신이 좋아하는 음악을 들으면 마음이 편안해지고, 기쁜 감정이 피어오른다. 특별한 음악 취향이 없는 나는 차 안에서 젊은 시절의 히트곡을 중심으로 한 가벼운 대중음악을 듣곤 하는데, 젊을 때 들었던 음악은 그 시절의 소소한 기억들과 연결되어 있어서 왠지 그리운 내음이 나곤 한다.

　음악과 뇌 활동의 관계는 최근 MRI 화상 기술이 발전하면서 꽤 상세하게 밝혀졌다. 그 결과 좋아하는 음악을 들을 때 전두엽 아랫부분이나 전측 대상회 등 기쁨을 주는 신경 회로가 활성화된다는 사실이 밝혀졌다. 식욕이나 성욕 같은 생물의 '기본적 욕구'가 충족될 때만 기쁨의 신경 회로가 활성화되는 것은 아니다. 운동하듯이 의식적으로 음악 감상 시간을 정해 두면 '기쁨의 신경 회로'를 활성화할 수 있다.

사람이 완전한 무음 상태를 버틸 수 없는 이유는 널리 알려져 있다. 사람의 뇌는 자연계의 소리에 둘러싸여 성장해 왔으며, 그 소리 없이는 신경 기능을 정상적으로 유지할 수 없는 듯하다. 음악은 이른바 자연계의 소리를 극적으로 재현한 것이기 때문에 동물의 뇌는 그 소리에 기쁨을 느끼도록 구성되어 있다.

음악을 통해 활성화된 전측 대상회는 기쁨의 회로이기도 하지만, 사실 이 부위는 집중계의 중심이 되는 전두엽 외측부나 두정엽 외측부와도 풍부한 신경 연락을 취한다. 즉 음악 감상은 기쁨인 동시에 집중계를 활성화하는 행동이기도 하다.

 또한 4장에서 리드미컬한 운동이 세로토닌 분비를 촉진하여 안심하게 만든다고 설명한 바 있다. 이러한 효과를 활용한 자장가나 찬송가 등은 시대를 불문하고 사람을 치유했다. 이처럼 음악을 통해 뇌와 신체가 밀접하게 연결되어 있다는 사실을 실감할 수 있다.

 한편, 음악으로 인해 활성화된 전두엽 아랫부분은 실제로 분산계의 전두전야 내측부와도 부분적으로 일치한다.

즉 음악은 집중계와 함께 분산계 일부를 활성화할 가능성도 있다는 것이다. 조금 복잡하긴 하지만 음악의 효과는 음악 장르나 음량, 감상 환경 등 많은 요소와 조합된다. 익숙하고 좋아하는 음악을 들을 때는 집중계가, 그 외의 상황에서는 음악을 듣는 환경도 영향을 미친다는 점을 기억하자.

 음악을 들으면서 업무를 한다는 사람이 있다. 나는 이같은 '멀티 태스킹'에는 익숙하지 않지만, 실제로 이렇게 할 수 있는 사람은 매우 뛰어난 재능을 가졌다고 생각한다. 그 이유는 앞에서 설명한 것처럼 음악은 집중계를 활성화하고, 일부 분산계도 활성화할 가능성이 있으므로 집중계의 특정 부위만을 사용하는 것보다 창조적으로 큰일을 할 수 있는 것이 아닌가 싶어서 부럽기 때문이다.

 음악은 무의식중에 뇌를 사용하는 방법, 즉 집중계와 분산계의 균형을 유지할 수 있게 한다. 적어도 집중계가 활성화되기 때문에 분산계의 폭주, 다시 말해 우울증을 예방하는 역할을 하는 것이다.

음악과 기억의 연결고리는 '모차르트 효과'가 유명하다. 모차르트의 음악을 들으면 음악을 듣지 않고 편안한 상태로 있는 것보다 인지 기능의 일종인 공간 식별 능력이 향상된다고 한다. 그 이유에 대해서는 활발한 논의가 진행되고 있지만, 클래식 외에도 음악이 인지 기능을 향상한다는 사실은 많은 연구를 통해 알려져 있다. 좋아하는 음악을 들으면 해마나 편도체 등 다양한 뇌 영역의 혈류가 증가한다. 특히 고령자가 그때그때의 기분에 맞춰 좋아하는 음악을 듣는다면 기억력 향상 및 우울증 개선에 효과가 있다.

그리고 음악이 기쁨의 신경 회로를 활성화할 뿐만 아니라, 기억 저장 방법에도 영향을 미친다는 점을 강조하고 싶다. 3장에서 설명했듯이 음악 감상으로 인해 기쁨의 기억을 저장하기 쉬워지고, 부정적인 기억이나 잊고 싶은 기억은 저장하기 어려워진다. 부정적인 기억이 생겼을 때 기분 전환을 위해 좋아하는 음악을 트는 행동은 기억 관점에서 매우 합리적이다.

시각 예술은
뇌를 활성화한다

지금까지 음악, 즉 청각 예술이 뇌에 미치는 영향을 설명했다. 그렇다면 시각을 통해 뇌에 입력되는 회화 등의 예술은 어떨까?

사람이 회화를 볼 때 뇌의 반응은 뇌의 활동 부위를 측정하는 'fMRI'를 통해 조사할 수 있다. 측정 결과, 회화의 종류에 따라 흥분하는 부위가 달라진다는 사실이 밝혀졌다. 인물화를 볼 때는 편도체와 측두엽 아랫부분에 있는 '방추상회'가 활성화된다. 이 방추상회에는 사람의 얼굴 형태에 강하게 반응하는 뉴런도 있다고 한다. 인물화가 아닌 풍경화라면 '해마방회', 정물화는 시각 중핵인 '후두엽'이 활성화되었다.

그러나 이러한 반응은 짧은 시간 동안 회화를 바라볼 때 일어나는 변화다. 시간을 들여 우수한 회화를 감상할 때는 최종적으로 그 사람의 분산계가 활성화되어 과거·현재·미래가 통합되는 감각을 맛보게 된다. 아니, 오히려 통합이라고 하기보다 감각이 자유롭게 오간다고 하는 편이 맞을지도 모르겠다. 그리고 회화로 인해 과거 기억이 자극받아 생각하지도 못했던 창의성을 획득하게 될 가능성도 있다.

미술관에서 회화를 마주할 때는 이러한 점을 의식하기 바란다. 어렵게 관람하는 만큼, 그 작품의 진짜 가치를 판별해 낼 수 있다면 좋지 않겠는가? 그러기 위해서는 분산계가 활성화될 때까지 천천히 시간을 들여 '바라보기만' 할 것이 아니라, '감상' 또는 '관찰'해야 한다. 그 작품이 생겨난 시대적 배경을 어느 정도 숙지한 다음, 전체 구도에서 세세한 부분까지 확실하게 시간을 들여 관찰하는 것이다. 그렇게 하면 일상생활에서는 접할 수 없는 자극을 접하게 되고, 여러분의 창조성이 길러지는 것은 물론, 귀중한 기억으로 남게 된다.

여기에 더해 근래에는 비즈니스 세계에서도 경영학 석사 학위MBA 취득에 필요할 법한 '데이터를 잘 다뤄 답을 도출해 내는 요령'보다 사물을 직감적으로 파악하는 '감성'이나, 복잡한 문제를 해결하게 만드는 '창의성'이 중요하다는 사고방식이 주류가 되고 있다. 미술 석사 학위MFA라는 자격이 주목받는 이유도 그러한 흐름을 상징한다. 예술은 뇌 전체에 축적된 언어화할 수 없는 지식을 깨워 현재와 미래를 연결하고, 창조성을 만들어 내는 중요한 계기가 된다. 이런 점에 대한 이해가 미술계라는 틀을 박차고 나와 사업가를 포함한 많은 사람에게 인정받게 된 것이다.

이처럼 예술은 뇌 속에 축적된 '언어화되지 않은 기억'이나 '무의식중의 기억'을 동요시키고 활성화하여, 연결한다. 예술이 기억에 크게 관여하고 있다면, 많은 경험치와 기억이 축적된 고령자야말로 그 효용을 더욱 크게 향유 할 수 있는 것이 아닐까? 회화를 제대로 관찰하고 감상하는 시간을 가진다면 생각지도 못했던 창의성을 얻게 될 것이다. 물론 젊은이 역시 그러한 효과를 기대할 수 있겠지만, 내 젊은 시절을 떠올려 보면 가만히 감상하는 우아한 시간을 가질만한 여유가 없었다. 이 역시 나이가 들어 여러 방면에서 여유가 생긴 고령자야말로 풍요로운 시간을 보내기에 유리하다고 볼 수 있다. 그러니 지금이라도 예술을 보고 느끼고, 기억을 자극하자.

모든 편향은
뇌의 만성 염증을
유발한다

편향된 방법으로 뇌를 사용한 나머지 뇌에 휴식이 부족하게 되면, 특히 스트레스에 취약한 신경 아교 세포가 소멸하고, 결국은 뉴런도 죽음에 이르게 된다.

그렇다면 뇌 사용법은 어떤 때에 편향되는 걸까? 예컨대 제출 기한을 준수하기 위해 밤을 새워 가며 리포트를 작성할 때, 또는 내 실수 때문에 패배한 어제 시합을 계속해서 떠올리며 고민할 때 등이다. 이러한 일은 누구에게나 일어날 수 있는 일이다.

이처럼 뇌 사용법이 과도하게 편향되면, 과도한 부담으로 인해 가장 먼저 신경 아교 세포에 장애가 생긴다. 또 노폐물이 변성된 단백질이 뇌 내에 축적되어 자기 신체 일부분에 반응하는 염증 반응이 활성화된다. 그리고 그 결과 신경 세포가 사멸하게 되는 것이다.

만성 염증은 세균 등으로 인한 급성 염증과는 달리, 자기 신체 일부에 면역 세포(뇌에서 말하자면 미세 아교 세포)가 자극받아 조직을 파괴하는 방향으로 활성화되는 현상이다. 특히 죽은 세포에서 흘러나온 단백질이나 DNA 등이 방아쇠가 된다고 알려져 있다.

모든 신경계 질환에는 만성 염증이 관련되어 있다고 해도 과언이 아니다. 그리고 뇌의 만성적인 염증은 필요한 기억을 잊게 하고, 또한 잊어야 할 기억을 잊지 못하게 하여 정신적으로 안정되지 못하게 한다. 기본적으로 만성 염증은 조직의 장애나 파괴를 일으키므로 기억과 관련된 뉴런이 방해받거나, 아니면 망각과 관련된 단백질 합성이 저하된다.

따라서 건강한 뇌 기능을 유지하기 위해서는 균형 있는 뇌활용·수면·영양 섭취 외에도 '적극적으로 염증 반응을 억제'하고자 애써야 한다.

뇌 염증을 억제하는 방법은 무엇일까?

아스피린과 같은 항염증제를 내복하는 것도 하나의 방법이다. 이러한 방법이 효과적이라는 보고도 있지만, 아무래도 약을 상용하는 것은 왠지 꺼림직하다는 사람도 많을 것이다. 장기적으로 보면 부작용도 신경 쓰이기 마련이다.

이 책을 여기까지 읽은 독자 여러분은 약에 의존하지 않고도 염증을 억제하는 방법을 이미 알고 있을 것이다. 그렇다, 항염증 작용을 위한 최고의 처방은 바로 '운동'이다.

약이 아니라 내가 가진 근육을 통해 염증을 억제하는 물질을 분비하는 것이다. 운동을 할 때 근육에서 분비되는 성장인자는 뇌를 보호하는 영양인자 분비를 촉진하고, 염증을 촉진하는 물질 IL-1β를 감소시키는 효과가 있다. 운동은 코르티솔과 노르아드레날린 같은 스트레스 호르몬을 감소시키므로, 이러한 점에서 뇌 보호 효과가 있다고 할 수 있다.

우리 신체 속에는 염증 반응을 억제하는 최고의 물질을 만들어 내는 공장이 이미 존재하고 있었다. 그 공장이 바로 '근육'이다.

기억에 해로운 뇌의 만성 염증을 억제하기 위해 뇌를 균형 있게 사용하고, 적당한 운동을 적극적으로 해 보기를 추천한다.

6장

망각이
미래를 만든다

잘 잊어야 진화한 미래를 산다

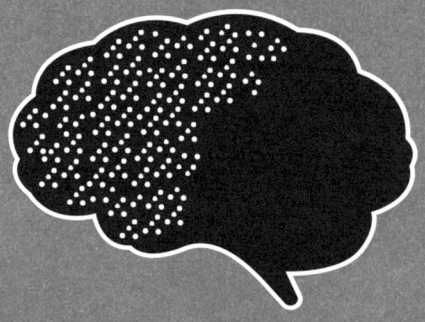

'망각은 나쁜 것'이라는 편견

초등학교 시험은 교과서에 적힌 내용을 떠올려 답안지에 적는 것이었다. 교과서 내용을 그대로 암기하여 많은 양을 꾹꾹 눌러쓰면 좋은 점수를 받을 수 있고, 선생님과 부모님께도 칭찬받을 수 있어서 좋은 일투성이였다. 반대로 어떤 내용이 있었는지 잊어버리면 좋은 점수는 물 건너가고 혼만 날 뿐이었다.

시험 외의 학교생활에서도 수업 시간에 교과서를 빠뜨리면 "깜빡했구나!"라고 주의를 받는다. 내가 어렸을 때는 "복도에 나가서 서 있어."라며 벌을 주거나, 주먹이 머리 위로 떨어지는 일도 종종 있었다. '망각은 나쁜 것'이라고 항상 주지시켰기 때문에 내 기억 속에도 깊이 각인되어 있다.

그러나 지금까지 설명해 왔듯 망각은 새로운 기억을 저장하는 데 중요한 과정이다. 뇌 과학이 비약적으로 발달한 덕에 지금은 망각에 대한 견해를 바꿀 때가 되었다고도 할 수 있겠다.

일화 기억, 특히 특별한 것 없는 고유명사나 숫자 등을 잊어버리면 불편한 점이 있을까? 사실 대부분은 이렇다 할 불편함은 없다. 요즘에는 어디서든 인터넷을 할 수 있으니 휴대폰을 켜고 조금만 검색해 봐도 금세 알 수 있는 일이 많고, 개인적인 일이라면 지인에게 물어보면 된다. 그런데도 우리 현대인은 당연한 듯이 '망각하고 싶지 않다'라고 생각한다. 이는 우리가 어린 시절부터 각인된 '망각은 나쁜 것'이라는 인식 때문이다. 이러한 인식에서 자유로워지기 위해서는 매일 흘러가는 기억 중에 특정 기억은 왜 잊고 싶지 않은지 항상 생각해 봐야 한다.

시냅스로 인한 기억은 환경에 대응하여 항상 변화한다고 강조해 왔다. 기억은 고정화된 것이 아니므로 '기억은 항상 흘러가고 잊혀 사라지는 것이 정상'이라고 생각하는 편이 적절하다.

뇌가 능동적으로 기억을 삭제하고 있다는 사실이 그 의견을 뒷받침한다. 생물이 진화하기 위해 능동적 망각 기능이 필요했고, 능동적으로 망각하는 편이 생존에 유리했기 때문이다.

걱정거리는
당분간 방치해 두자

책 서두에서 "일주일 전에 무엇을 생각하고 있었는가?"라는 질문을 던졌다. 겨우 일주일이 지났을 뿐인데도 마음에 동요를 일으킬 만한 심각한 고민이 아닌 이상 의외로 잊고 살지 않았던가?

지금까지 '마음의 정동을 일으킨 기억은 잊기 어렵다'라고 이야기했지만, 실제로는 다소 정동을 일으켰던 사건조차도 점차 흘러가 과거가 되어 버리고 만다. 이러한 부분에 대해서는 오히려 긍정적인 면을 강조하고 싶다. 부정적인 기억도 반드시 희미해지기 때문에, 불안이나 걱정거리를 바로 해결하려고 들지 말고, '당분간 방치하며 상태를 관찰'하는 방법도 효과적이다.

애당초 걱정거리는 나쁜 미래를 예측함으로써 생겨난다. 그 미래에 공포를 느끼거나 커다란 불안이 솟아나기도 하는데, 그럴 때일수록 '감정적인 상태로 사물을 판단하지 않도록' 주의해야 한다. 걱정되는 내용에 따라서도 다르겠지만, 감정적인 상태에서 빠져나올 때까지 기다릴 수 있다면 그렇게 하는 편이 건설적인 판단을 내리는 데 도움이 된다.

왜 감정적인 상태에서 판단을 내리지 말아야 할까? 첫째로 감정을 만들어 내는 편도체는 위험을 회피하기 위해 과도하게 반응하도록 설계되어 있기 때문이다. 뇌는 무의식 중에 '위험해지면 안 되니까, 일단 크게 반응하자'라고 판단한다. 과잉 반응으로 증폭된 자기감정, 특히 공포나 화는 그다지 신용하지 않는 편이 좋다. 정동은 갈대와 같다고 생각하며 처음부터 냉정한 시선으로 바라보기를 추천한다.

감정을 가라앉힌 후에 판단하기를 추천하는 또 다른 이유는 감정적인 채로 행동하게 되면 확실하게 강한 기억으로 새겨지기 때문이다. 그것도 마음 편한 기억이 아니라, 대부분 불쾌한 기억으로 남는다. 따라서 공포나 불안을 그대로 내보일 것이 아니라, '회피'나 '거리 두기', '방치' 등을 선택하는 것도 좋은 방법이다. 그리고 이 감정 변화를 확인했다면, 전두엽을 통해 자세한 상황을 분석해 봐야 한다.

　　애당초 불안은 '좋은 미래'를 실현하기 위해 존재한다. 불안이 없다면 충분한 준비를 할 수 없으므로, 좋아져야 할 미래가 나쁜 방향으로 흘러갈 가능성이 커진다. 나쁜 미래를 예상하며 불안이나 공포를 느낀다면, 실제로는 좋은 징조라고 할 수 있겠다. 그 후에는 그 징조를 좋은 미래로 바꾸기 위해 감정을 적절하게 다루기만 하면 된다.

　　그러기 위해서는 불안을 느꼈을 때 전두엽을 활성화하고, 충분히 준비해야 한다. 불안은 주로 분산계가 만들어 내기 때문에, 그 감정에서 벗어나기 위해서는 집중계를 활성화하여 분산계를 억제할 필요가 있다. 이를 위해 불안이 가라앉을 때까지 무언가 다른 일에 머리를 사용하며 '잊고 있을' 필요가 있다.

불안은 정신적 스트레스가 되어 분산계를 과도하게 활성화하는 성질이 있다. 그리고 과도하게 활성화된 분산계는 '반복 사고'를 초래하게 되므로, 나쁜 미래를 몇 번이나 반복하여 예상하게 만들고 마음속으로 반추하게 한다. 이런 행동을 억제하기 위해서는 수면이나 휴식보다는 집중계의 뇌의 작용에 집중해야 한다.

일이나 공부에 집중할 수 있으면 가장 좋겠지만, 걱정거리를 안은 채 몰입하기란 좀처럼 쉽지 않다. 그렇다면 불안이 강해질 때 적절하게 집중계를 활성화하는 방법은 무엇일까? 누구나 할 수 있는 비결을 시간 단위로 소개하겠다.

장기적으로 보자면 '쉴 틈이 없어야' 한다. 쉴 틈이 없도록 적극적으로 일정을 추가하자. 여유 있는 시간에는 집중계를 사용할 필요가 없으므로 분산계만을 과도하게 활성화하기 쉽다. 무언가 일정이 있으면 일정을 소화하기 위해 집중계를 사용하게 되므로 균형 있게 뇌를 사용하기 쉬워진다. 예로부터 일본에는 '사람이 너무 한가하면 제대로 된 생각을 하지 못한다'라는 말이 있는데, 고개가 절로 끄덕여진다.

단기적으로 보면 운동이 매우 효과적이다. 운동은 분산계를 억제한 뒤 집중계로 전환하기를 촉진하며, 때로는 집중계로 전환하지 않고 그대로 잠들게 하기도 한다. 심지어 운동은 기쁨의 뇌 영역을 직접 활성화하므로 걱정거리에 대처하는 가장 좋은 처방전이라고 해도 될 정도이다. 가벼운 인지장애가 있는 환자에게 중간 강도의 운동을 시키면 분산계에서 집중계로 이행이 촉진되는 것을 확인할 수 있다.

균형 있는 뇌 작동을 위한 쉽고 효과적인 수단이 운동이다. 다만 운동에 너무 긴 시간을 쓰거나 너무 높은 강도로 운동하면 오히려 스트레스가 되므로, 어디까지나 적절한 범위에서 유지하도록 하자.

더욱 단기적인 시각으로 보면 비디오 게임이나 휴대폰

게임에 몰두하는 것도 불안을 해소하는 데 효과적이다. 게임이 집중계를 활성화하므로, 어느 정도 시간제한만 둔다면 걱정거리에 대처하는 데 효과적인 수단이 되기도 한다.

또한 텔레비전 드라마나 영화에 몰입할 수 있으면 이 또한 효과적이다. 이때는 멍하니 텔레비전 앞에 앉아 있기만 하지 말고, 이야기 흐름에 따라 흠뻑 빠져들어 그 세계에 몰입한다면 효과를 높일 수 있다.

물론 감정을 동요시키는 걱정거리를 한동안 방치할 수 있는 상황인지 아닌지를 순간적으로 판단할 수 있어야 한다. 공포나 화를 불러일으킬 만한 상황이라면 타이밍에 맞춰 곧바로 대처해야 할 때도 있다. 여기서도 균형감각이 중요하다는 점을 반드시 기억해야 한다.

기술의 진보가
뇌에 미치는 영향

과거에는 텔레비전, 근래에는 스마트폰, 2019년에는 코로나19 팬데믹으로 인한 재택근무 도입 등 기술의 진보는 우리 생활을 한층 더 편리하게 만들어 왔다. 기술과 관련 없는 시대로 돌아가고 싶다는 사람은 거의 없을 테고, 그런 사람이 있다고 하더라도 이미 우리 생활과는 떼려 해도 뗄 수 없다. 기술의 공로와 과실에 관해서는 이제 막 연구가 시작된 참이지만, 내 나름대로 하나의 가설을 세워 보았다.

바로 '집중계'와 '분산계'의 관계로부터 출발한 가설이다. 기술의 사용으로 인해 집중계와 분산계의 사용 방법에 편향이 생기면 뇌가 충분한 휴식을 취할 수 없게 되고 피폐해지고 만다. 이것이 장기적으로 이어지면 뇌의 세포사가 촉진되고, 망각해서는 안 될 기억을 망각하게 된다. 최종적으로는 뇌 수명이 단축될 것이다.

이러한 악영향을 피하기 위해서는 기술이 뇌에 미치는 영향을 이해하고, 그에 함몰되지 않도록 뇌를 균형 있게 사용해야 한다.

우리 가까이에 존재하는 도구가 뇌에 미치는 영향을 몇 가지 소개해 보겠다.

우선 텔레비전을 살펴보자. 드라마나 영화의 줄거리에 몰입하여 볼 때는 집중계가 활성화되지만, 뉴스나 예능 프로그램을 멍하니 보고 있을 때는 분산계가 활성화된다. 어느 한쪽에 편중될 정도로 너무 오랜 시간만 아니라면, 텔레비전 앞에 앉아 있다고 해서 뇌에 나쁠 것은 없다.

또한 인터넷 서핑은 기본적으로 집중계를 활성화한다. 목적을 갖고 사용한다면 인터넷 자체가 뇌에 악영향을 미친다고 보기는 어려우며, 일부러 기억하지 않아도 바로 꺼내 쓸 수 있는 정보원으로서 뇌를 돕는 존재라고 할 수 있다. 망각이 특기인 뇌에 인터넷은 최고의 파트너라고 해도 과언이 아닐 것이다.

한편 이를 돕는 도구인 스마트폰이나 SNS에 대해서는 다양한 의견이 존재한다.

일반적으로 사회생활에서 '많은 사람과 항상 연결되어 있다'라는 감각은 분산계를 강하게 활성화한다고 알려져 있다. 물론 이 자체가 나쁜 것은 아니지만, 활성화되면 편향이 생기게 된다. 스마트폰이 등장하기 전에는 우리가 이 같은 연결을 의식하는 시간이 지금만큼 많지 않았지만, 요즘은 많은 사람이 SNS를 통해 항상 인간관계를 의식하게 되었다. 이 새로운 생활 습관은 정도에 따라서는 분산계를 과잉 활성화하고, 우울증 경향을 강하게 만들 우려가 있다.

이에 대처하기 위해서는 스마트폰을 손 닿는 곳에 두지 않는 시간을 만드는 것이 가장 좋은 방법이다. 그러나 이제는 거의 삶의 일부분이 된 만큼 떨어트려 두기 힘들다는 사람이 많을 것이다.

그렇다면 어떻게 해야 할까? 이 책에서는 집중계와 분산계의 균형 맞추기가 중요하다고 강조해 왔다. '인간관계를 과하게 의식하는 행동이 분산계 활성화로 이어진다'라는 점을 떠올려 보면, 균형을 되찾을 수 있을 것이다. SNS와 마주할 일이 많은 사람은 의식적으로 '집중계를 활성화하는 행동'을 하도록 노력해야 한다.

한편, 코로나 팬데믹을 계기로 스마트폰과 개인 컴퓨터를 사용한 원격 대화가 보급되었는데, 이는 뇌에 어떤 영향을 미쳤을까? 나는 이러한 도구를 잘 활용하면 뇌에 좋은 영향을 미치고, 스마트폰과 SNS가 초래한 분산계를 과도하게 활동하게 하는 부작용을 상쇄할 수 있다. 온라인상이라고는 해도 '실시간으로 대화를 주고받을 수 있기' 때문이다.

실시간으로 대화를 주고받는 데 시차가 발생하는 SNS와는 달리, 원격 대화를 할 때는 주로 집중계가 활성화된다. 대화는 우선 상대의 말을 청각으로 인지하고, 그 의미를 이해한 후 대답할 문장을 생각하고, 최종적으로 정리된 말을 발화한다는 매우 복잡한 작업을 반복하기 때문이다.

집중계와 분산계의 균형을 생각하면 사람 간의 소통은 온라인이건 대면이건 실시간으로 대화하는 것이 가장 좋고, SNS는 추가로 활용하는 것이 좋다.

아무리 그래도 온라인으로 나누는 대화는 '대면 대화'와 똑같지는 않다. 말이나 데이터는 공유할 수 있지만, 상대방의 미묘한 표정 변화나 작은 끄덕임, 제스처는 전해지지 않기 때문이다. '상대방이 어떻게 느끼는지?', '어떤 생각을 하고 있는지?'와 같은 정보가 적다는 점은 실제로 인터넷 대화를 사용하는 사람들도 실감하고 있지 않을까?

다른 사람의 표정을 읽어 내기 위해서는 과거의 경험을 통해 길러진 '의미 기억'을 축적해야 한다. 상대방의 표정이나 제스처가 가진 의미가 무의식중에 축적되어 있으므로, 상대방이 무엇을 느끼고 있는지 파악한 뒤 과거 기억과 조합하여 '공감'할 수 있게 된다.

온라인에서는 언어 말고는 상대방의 정보가 극히 제한

되어 있으므로 공감하기가 어려울뿐더러, 다른 사람이 느끼는 고독을 메우기에 부족하다.

이처럼 기술의 진보로 우리의 생활은 편리해졌지만, 기술에만 의지하다가 살아 있는 사람들끼리의 대화가 사라지면, 정신적 측면에서도 기억 측면에서도 부정적인 면이 부각될 것이다.

특정 도구의 사용 비중이 높아진 생활은 뇌 사용법을 편중되게 만든다는 점을 기억하자. 장기적으로 보면 잊어서는 안 될 기억을 잊게 하고, 잊어야 할 기억을 잊지 못하게 되는 상태에 빠질 수도 있다. 항상 '집중계'와 '분산계'를 의식하며 뇌를 균형 있게 사용해야 한다.

망각하기에
미래가 펼쳐진다

우리가 사는 세상에는 방대한 정보가 흘러넘친다. 일상생활이나 인터넷상에서 다양한 사람들과 정보를 주고받으면 여러 가지 숫자나 온갖 풍경이 파도처럼 밀려든다. 그 속에서 기억에 남는 것은 우리가 주의를 기울이거나 우리의 정동을 일으킨 대상뿐이다.

주의를 기울여 일시적으로 기억했다고 하더라도, 그 후에 사용하지 않는 정보, 즉 필요하지 않은 정보는 점차 사라지게 된다. 그런 한편, 정동을 일으키거나 불안을 강하게 만드는 기억은 좀처럼 사라지지 않는다는 점도 알게 되었다.

집중계를 통해 상황을 자세히 분석하고, 새로운 일에 적극적으로 도전하는 자세야말로 부정적인 기억을 희미하게 만드는 비결이다. 한편으로는 기쁨의 기억은 몇 번이고 곱씹어서 그 회로에 자극을 주고 사라지지 않게 만드는 것이 좋다.

이처럼 뇌는 항상 저장된 기억 중 '무엇을 남기고 무엇을 제거'할 것인지를 선택하고 있다.

이러한 부분이 기계와 다른 점이다. 기계=컴퓨터라고 생각해 보면, 컴퓨터는 입력된 모든 정보를 남기고 방대한 '메모리'를 형성한다. 그 모든 것을 '균등하게' 검색하여 정보를 인출할 수 있기 때문이다.

뇌는 기계와 다르게 방대한 정보 중에서 자신의 정동을 일으킨 것, 그리고 전두엽이 중요하다고 판단한 것만을 선택하여 기억으로 저장하고, 차례대로 밀려 들어오는 새로운 정보를 취사선택한다. 의식적이건 무의식적이건 이러한 과정은 '사고'로 이어진다.

뇌가 시시각각으로 변화하는 것은 정보와 관련된 단백질을 합성하거나 파괴하는 과정에서 생겨난다. 뇌는 과거 기억을 참고하면서도 항상 새로운 환경에 적응하기 위해 활동하며, 계속해서 변화한다. 단순하게 정보를 쌓아 두기만 하는 '메모리'와는 다르다.

망각은 이처럼 삶을 영위하는 데 있어서 당연한 변화이며, 결코 나쁜 것이 아니다. 오히려 미래를 향해 뇌가 능동적으로 변화하고 있다는 증거라고도 할 수 있다.

해마에서 시시각각 태어나는 신생 뉴런이 오래된 뉴런, 즉 기존 기억을 제거함으로써 새로운 기억을 저장할 수 있게 한다. 즉 '망각'과 '새로운 기억의 저장'은 한 세트이며, 이러한 과정을 통해 한 사람의 뇌가 진화를 거듭하게 된다. 망각이 존재하기에 미래가 펼쳐지는 것이다.

기억이라는
재산

근대화가 진행되기 전 사람의 평균 수명은 50세 이하였다. 그 뒤로 평균 수명이 현저하게 늘어나 요즘에 와서는 '인생 100세 시대'라고 일컬을 정도가 되었지만, 사실 사람의 뇌는 원래 100년 인생을 전제로 설계된 것이 아니다.

인생의 후반 50년 동안은 기억력이 저하되고, 건망증이 늘어난다. 예전 상식으로 보면 이러한 현상은 아주 곤란하다. '어떻게든 노력해서 건망증을 줄여야지', '자꾸 깜빡깜빡한다는 걸 주변 사람들에게 들키고 싶지 않아' 이렇게 생각하게 된다.

여러분은 이 책을 읽으며 이미 깨달았을 테지만, 뇌 기능을 최대한으로 끌어내기 위해서는 '망각이 필요'하다. 그리고 나이가 들면서 변화하는 것은 '기억력'이 아니라 '기억을 취급하는 방법'이다. 풍부한 경험을 바탕으로 잠재의식 속에 존재하는 '언어로 표현할 수 없는 중요한 기억'을 연결하여 새로운 의미로 창조하는 일은 오히려 나이가 들어야만 얻을 수 있는 뇌의 진화라고 해도 과언이 아니다.

또한 노화로 건망증이 생겨난 사람의 뇌 속에는 젊은 사람보다 '언어로 표현할 수 없는 기억'이 많이 녹아 있다. 많은 기억이 무의식중에 잠자고 있다가 가끔 눈앞에 모습을 드러내기도 한다.

실제로 노화로 인해 저하되는 것은 일화 기억뿐이고, 의미 기억은 몇 살이 되건 증가한다는 사실이 밝혀졌다. 나이가 들면 사물의 본질을 이해하고, 꿰뚫어 보는 능력이 배가되는 것이다. 이를 밑받침하는 연구로 매사추세츠 공과대학교의 피에르 아졸레이Pierre Azoulay 교수가 분석한 기업가들의 연령층별 성공률 데이터가 있다. 그 분석 결과에는

20~30대 기업가보다 50대 이상 기업가의 성공률이 높다는 점이 잘 드러나 있으며, '젊음'이 성공의 필수 요소가 아니라는 점을 강조하고 있다. 나이가 든 기업가가 풍부한 경험에서 빚어낸 '언어로 표현할 수 없는 직관력'을 통해 일을 성공으로 이끄는 것이다.

지금까지 설명한 기억과 관련된 뇌의 작동법을 잘 이해했다면, 예컨대 건망증이 잦아진다고 하더라도 나이가 든다는 점에 자신감을 가질 수 있다는 사실을 깨달았을 것이다. 고령자는 망각으로 인해 일화 기억이 줄어든 만큼, 풍부한 경험을 통해 얻은 의미 기억을 방대한 대뇌 피질 속에 축적하고 있다. '잊었다'라고 느끼지만 실제로는 잊지 않은 것이다.

인생의 베테랑이 되면 그만큼 무의식중에서 잘 축적된 기억을 떠올리고, 연결하여 창의적인 생각을 발현할 수 있다. 이러한 잠재의식 속에 존재하는 '언어로 표현할 수 없는 중요한 기억'을 연결하여 새로운 의미로 창조한다는 것은 젊은이에게는 불가능한 기술이라고 해도 좋다.

나이가 들어도 젊은이에게는 없는 경험치가 자신을 성공의 길로 인도해 준다. 이러한 기개로 사회와 접해야 한다.

망각이
인류의 진화를
가져온다

더 나아가 개인 수준에서 뇌가 진화하는 것뿐만이 아닌, 인류 전체가 한 단계 더 높이 진화하기 위해서도 반드시 망각이 필요하다. 대체 어떤 이유 때문일까?

생물을 진화하게 만드는 것은 바로 '다양성'이다. 그중에서도 환경에 가장 적합한 개체가 자손을 남기고, 번영해 왔다는 사실을 여기서 또다시 강조할 필요는 없을 것이다. 그렇다면 우리 한 사람 한 사람의 다양성은 어떤 요인으로 인해 만들어진 걸까?

유전자의 다양성에서 기인한 것일까? 유전자의 다양

성이라고 해 봤자 겨우 2만~3만 개의 유전자 차이에 지나지 않는다. 그동안 축적된 일란성 쌍둥이 관련 연구를 살펴보면 얼굴, 신장 등은 닮아도 성격은 성장 환경에 큰 영향을 받는다는 점이 밝혀졌다. 즉 당연히 유전자의 차이도 있지만, 뇌에 존재하는 약 1천억 개의 뉴런을 어떻게 사용하는가에 따라 사람의 다양성이 만들어진다는 것이다.

이 다양성의 실체는 '기억의 다양성'이라고도 할 수 있다. 같은 경험을 하는 사람은 이 세상에 '절대로' 존재하지 않기 때문이다. 면역 관련 연구로 노벨상을 받은 제럴드 에델만Gerald Maurice Edelman은 후에 뇌 연구로 전환하였는데, '뉴런 접속 다양성은 전 우주에 존재하는 하전 입자Charged Particle[4]의 수보다도 많다'라고 표현했다. 이 말이 진실인지 아닌지는 검증할 수 없지만, 이 천재의 표현은 본질을 알아맞힌 것이라고 할 수 있다. 셀 수 없을 정도로 방대한 수의 가능성 속에서 선택을 반복하여, 결국 단 하나의 가능성을 선

---

4 **하전 입자** 전기적으로 양성이나 음성 전하를 가진 이온입자를 의미함.

택한 것이 바로 여러분의 뇌다. 그렇게 생각하면 뇌가 얼마나 귀중한 것인지 이해할 수 있다.

유년기부터 열 살까지 신경 회로에 새겨진 기억은 고정화되고, 죽을 때까지 거의 변하지 않는다고 강조했다. 이처럼 유소년기의 기억은 그야말로 개인의 기질을 결정할 정도로 강한 영향력을 가지며, 한 사람 한 사람의 다양성을 만들어 낸다. 그렇다고 해도 이 시기의 기억은 부모나 환경에 좌우되는 부분이 크기 때문에 스스로 제어하기란 어렵다.

그러나 '그 후의 인생에서 어떤 경험을 쌓아 갈 것인가?', '그 사건에 어떤 의미를 부여하여 기억으로 남길 것인가?'라는 취사선택의 반복은 개인의 결정에 따른 것이고, 스스로 책임을 져야 한다. 매일매일 쏟아지는 사건에 대처하기 위해 시냅스가 늘 변화하고 있지만, 그 사건에 어떤 의미를 부여할 것인가는 그 사람의 사고방식에 따라 크게 달라지기 때문이다.

새로운 환경, 새로운 사건을 접하고 항상 시냅스에서의

기억을 재조합해 나가는 과정이 바로 '살아간다'라는 것이다. 그리고 기억의 다양성은 개개인이 가지는 유일무이한 경험에서 획득한 종합적인 지식이자, 인류가 계속해서 발전해 나가기 위한 커다란 재산이다.

다양성을 만들어 내는 요인은 '경험한 사건'이나 '기억에 의미를 부여하는 것'만이 아니다. 때로는 '기억을 버리는 것', 즉 '망각'을 통해서도 사고방식이나 사물을 인식하는 방법에 다양성이 생겨난다. 어째서 망각 때문에 다양성이 생겨나는 걸까?

사람의 뇌는 사람마다 다른 중요도에 따라 기억을 취사선택한다. 개개인이 지금까지 축적한 인생 경험을 바탕으로 무의식중에 내리는 선택을 포함하여, '이건 중요하다'라고 느낀 사건을 기억으로 저장한다. 그리고 엄청나게 많은 양을 망각한 후에 남은 기억은 당연하게도 개인의 개성이 반영되어 있다. 기쁨의 기억을 많이 저장하는 사람, 유감스러운 기억을 많이 저장하는 사람, 영상으로 많이 저장하는 사람, 언어로 많이 저장하는 사람 등 실로 다양하다.

이렇게 '사고의 재료'가 되는 기억에 다양성이 생겨나면, 필연적으로 사고나 아웃풋에도 다양성이 생기게 된다. 결과적으로 이 지구상에는 항상 스스로는 상상도 못 할 법한 발상이 생겨나는 것이다. 인터넷이나 스마트폰 같은 혁신적인 발명품도 단서가 된 아이디어는 혁신을 발상한 사람이 축적해 온 고유의 기억을 토대로 탄생했다고 할 수 있다.

만약 사람이 모든 기억을 저장한다면 이러한 다양성은 한정되었을 것이다. 모든 정보를 저장하는 컴퓨터가 이러한 단점을 드러내는 상징적인 존재라고 할 수 있다.

요즘 컴퓨터는 특정 상황에서 '최적값'을 찾아내는 특기가 있지만, 도출하는 답은 한정적이다. 몇 대의 컴퓨터를 준비해도 제한 없이 정보만 저장하다 보면 최종적으로 도출해 내는 '최적값'은 하나로 귀결될 것이 분명하다.

당연하게도 컴퓨터가 도출한 최적값이 이 복잡하고 유동적인 사회에서 '진실한 최적값'일 리도 없다.

사람의 생각을 조합하지 않고 컴퓨터가 도출한 답만 따른다면 결국은 사고도 획일화되어 인류는 쇠퇴하게 될 것이 자명하다.

생물은 항상 다양성을 추구함으로써 진화해 왔다. 그 다양성 속에서 환경에 가장 잘 적응한 개체가 살아남아 자손을 남겨온 만큼, 인류가 미래에도 존속하고 계속해서 진보하기 위해서는 기억의 다양성이 가장 중요하다고 해도 과언이 아닐 것이다.

에필로그

망각은 좋은 것이다

'뇌는 망각하기 위해 단백질을 생성한다', '신생 뉴런은 오래된 기억을 능동적으로 소거한다' 뇌 연구를 지속해 온 나에게 최신 뇌 과학이 밝혀낸 이 두 가지 사실은 충격적이었다. 그런 한편으로 '망각은 건강한 뇌를 유지하는 데 꼭 필요하다'라는 내 인식과 일치하기도 했다.

이 같은 사실은 '한 번 기억한 것을 잊고 싶지 않다'라는 세간의 인식과는 커다란 차이가 있다. 많은 사람이 믿는

'망각은 나쁜 것이다'라는 전제를 발칵 뒤집어 버리고 싶다는 생각이 이 책을 쓴 계기가 되었다. 끝까지 읽어 주신 여러분은 망각이 얼마나 중요한지를 깨달으셨으리라.

　망각했다고 해서 죄책감을 가질 필요는 없다. 우리가 망각에 대해 죄책감을 느끼는 이유는 그저 초등학교 때부터 '선생님이 알려주신 내용을 반드시 기억해 대답'하도록 각인시킨 교육의 영향 탓이 크다. 교과서 내용을 외워서 바로 대답해 봤자, 현대 사회에서는 어떠한 가치도 없다.
　오히려 중요한 것은 '질문'이다. 질문은 교과서에 없는 대답을 요구하는 행동이며, 질문하는 사람도 대상을 제대로 관찰하여 스스로 '사고'해야 한다. 외워서 기억한 내용을 그대로 대답하기보다 나 자신에게 필요 없는 기억은 버리고, 축적된 의미 기억을 바탕으로 사고하여 이를 토대로 질문하는 행동이야말로 미래를 살아가는 데 요구되는 능력이다.

　'망각'함으로써 '사고'할 수 있게 된다. 과거의 기억을 조합하여 새롭게 해석하는 것이 '사고'하는 일이라면, 의식적이건 무의식적이건 자신의 개성에 따라 '어떤 기억을 버릴지' 선택하는 것은 나다운 사고를 시작하는 출발점이다.

사람의 뇌는 능동적으로 망각하게끔 만들어져 있다는 점을 반드시 잊지 않길 바란다. 망각으로 인해 뇌는 새로운 시대에 적응하고, 미래를 향해 변화해 나갈 수 있기 때문이다.

이로써 지금까지의 상식은 뒤집혔다. 필요 없는 기억을 버려야만 새로운 나를 창조해 낼 수 있다. 사소한 망각으로 주눅 들지 말고, 새로운 나 자신을 창조하기 위해 인생을 적극적으로 즐겨 보자. 기억을 만든 뒤에는 밝은 미래가 기다리고 있을 것이다.

이와다테 야스오

기억을 비울수록 뇌가 산다

펴낸날 2025년 7월 7일 1판 1쇄

지은이 이와다테 야스오
옮긴이 곽현아
펴낸이 金永先
편집 김샛별
디자인 김리영
마케팅 신용천

펴낸곳 이든서재
주소 경기도 고양시 덕양구 청초로 10 GL 메트로시티한강 A동 20층 A1-2002호
전화 (02) 323-7234
팩스 (02) 323-0253
출판등록번호 제 2-2767호

ISBN 979-11-94812-02-9 (03190)

> 이든서재와 함께 새로운 문화를 선도할 참신한 원고를 기다립니다.
> 이메일 dhhard@naver.com (원고 투고)

- 이 책은 저작권자와의 계약에 따라 발행한 것이므로 본사의 허락 없이는 어떠한 형태나 수단으로도 이 책의 내용을 사용하지 못합니다.
- 파본은 구입하신 서점에서 교환해 드립니다.